Fernando Marcelino Pereira

# A revolução da agricultura inteligente na China

## Perspectivas para o desenvolvimento rural no século XXI

KOTTER
EDITORIAL

*Diretor editorial*: Sálvio Nienkötter
*Coordenação editorial*: Claudecir de Oliveira Rocha
*Editor-executivo*: José Ramos Junior
*Editor-assistente*: Luiz Felipe Cunha
*Capa*: Jussara Salazar
*Design editorial*: Carlos Garcia Fernandes
*Produção*: Joehverson Guslem Jacob
*Preparação de originais e revisão*: O Autor

Dados Internacionais de Catalogação na Publicação (CIP)
Angelica Ilacqua CRB-8/7057

P491r

Pereira, Fernando Marcelino
A revolução da agricultura inteligente na China : perspectivas para o desenvolvimento rural no século XXI / Fernando Marcelino Pereira. — Curitiba : Kotter editorial, 2025.
176 p.

Bibliografia
ISBN 978-65-5361-471-0

1. Agricultura 2. China – História 3. Tecnologia I. Título
CDD 630

25-3212

Kotter Editorial Ltda.
Rua das Cerejeiras, 194
CEP: 82700-510 - Curitiba - PR
Tel. + 55(41) 3585-5161
www.kotter.com.br | contato@kotter.com.br

Feito o depósito legal
1ª Edição
2025

Fernando Marcelino Pereira

# A revolução da agricultura inteligente na China

## Perspectivas para o desenvolvimento rural no século XXI

# Sumário

# A revolução da agricultura inteligente na China

# Introdução

Quando escrevi *A Revolução das Cidades Inteligentes na China* (Appris, 2024), constatei mudanças tectônicas com a emergência de novos processos sociais e tecnologias que estão criando uma urbanização massiva de alta qualidade para milhões de chineses. A China vive o maior e mais rápido processo de urbanização da história da humanidade. De acordo com dados populacionais divulgados pelo Bureau Nacional de Estatísticas da China em 2020, as cinco maiores províncias da China — Guangdong (126 milhões), Shandong (102 mi), Henan (99 mi), Jiangsu (85 mi) e Sichuan (84 mi) — são todas mais populosas do que a Alemanha (83 milhões), a maior nação da União Europeia. Além disso, a população de Guangdong é a mesma do Japão (126 milhões), que atualmente ocupa o 11º lugar no mundo em tamanho populacional. A China chegou a 105 cidades com mais de 1 milhão de habitantes. Nas últimas décadas, centenas de milhões de pessoas migraram das áreas rurais para as cidades, levando ao surgimento de megacidades e à expansão das áreas urbanas. E a rápida urbanização levou o governo a adotar iniciativas de cidades inteligentes voltadas para a criação de ambientes urbanos mais habitáveis, sustentáveis e eficientes (Marcelino, 2024).

Aí veio a questão: como a China consegue alimentar esse povo que mora em megacidades modernas, que deve chegar a cerca de 1 bilhão de pessoas na classe média em 2030? Como poderá lidar com demandas crescentes de uma população que está melhorando suas condições de vida rapidamente? Como os avanços científicos e tecnológicos impactam as zonas rurais da China? Como vão se conformar as relações entre campo e cidade?

O que percebemos é que a revolução urbana chinesa também impulsiona outra verdadeira revolução, em curso nas zonas rurais. Não como a Grande Marcha, a Revolução de 1949 ou a Revolução Cultural. Trata-se de um novo fenômeno que torna a agricultura o centro de importantes e disruptivas inovações científicas e tecnológicas. A China está inaugurando uma nova era na agricultura, combinando tradição com alta tecnologia à medida que robôs agrícolas e equipamentos inteligentes substituem práticas convencionais, marcando uma mudança significativa nos cenários agrícolas. Está emergindo na China uma nova revolução agrária com a disseminação da agricultura inteligente, que utiliza tecnologias de nova geração, como a Internet das Coisas (IoT), Big Data, Inteligência Artificial (IA), computação em nuvem e Blockchain para refinar e aprimorar ainda mais a inteligência da produção agrícola.

A China, segundo alguns estudiosos, vem promovendo a maior transformação econômica dos últimos 250 anos da história mundial, com grande sucesso na melhora das condições de vida da população. A singularidade do seu desenvolvimento se destaca pela capacidade de contribuir para o desenvolvimento das forças produtivas e se subordinar a um processo de constante redistribuição de renda com a presença da sociedade e do Estado na economia através de empresas de propriedade cooperativa, pública, estatal e mista. Neste contexto do socialismo de mercado, a China produz mais alimentos do que qualquer outro país do mundo, mas também consome mais. A China precisa alimentar quase 20% da população global com 9% e 6% das terras agrícolas e água doce do mundo, respectivamente. Isso se traduz em apenas 0,08 hectares per capita de terra arável para o povo da China, muito abaixo dos 0,48 hectares de terra arável per capita nos Estados Unidos. Mesmo assim, a China é o maior produtor mundial de arroz, trigo, algodão, mel, fumo, madeira e produtos florestais, várias frutas, legumes e verduras, ovos, peixes e frutos do mar, carnes de porco, ovelha e cabra, bebidas e alimentos processados; o segundo maior produtor de milho, canola, chá e carne de frango; e o terceiro maior produtor de milheto, carne bovina e leite de búfala. É também o maior importador e o terceiro maior exportador de produtos agropecuários do mundo.

Nas últimas décadas, a questão agrária na China ganhou novos contornos. Com o rápido aumento da população e dos padrões de vida, a China tem que produzir mais produtos vegetais e animais para atender à demanda por alimentos. Como resposta, vem introduzindo sistematicamente a digitalização, automação e robótica na agricultura. O uso de agricultura de precisão, IA e sistemas de Big Data se tornará cada vez mais predominante na próxima década. Uma série de tecnologias transformadoras, incluindo o uso de drones para cultivo de terras, sistemas de agricultura de precisão e a operação de "fazendas inteligentes" que utilizam soluções digitais para a produção de gado, aves e culturas, exploram avanços científicos em técnicas de melhoramento genético destinadas a aumentar a produtividade e melhorar a qualidade genética dos animais de criação.

A ascensão da agricultura inteligente na China destaca os esforços contínuos do governo para acelerar a revitalização e modernização rural, o que impacta profundamente a vida de mais de 460 milhões de pessoas em áreas rurais. Nos últimos anos, a China implementou uma série de políticas e realizou uma série de projetos de aplicação importantes para o desenvolvimento da agricultura inteligente. Os formuladores de políticas chineses identificaram o desenvolvimento de "novas forças produtivas de qualidade na agricultura" como prioridade máxima. Esse processo promete aumentar a eficiência da produção, reduzir os custos de transação no mercado, alcançando avanços em tecnologias como IA, Big Data, IoT, sistemas de baixa altitude, equipamentos agrícolas inteligentes e navegação e direção automáticas, novos agricultores profissionais, e-commerce agrícola, sementes híbridas e biofertilizantes, oferecendo soluções eficazes para os desafios enfrentados pelo setor agrícola. Este processo promete aumentar a eficiência da produção, facilitar a integração da agricultura com a moderna indústria de serviços e a indústria manufatureira avançada, impulsionar a competitividade agrícola, a renovação geracional, a renda dos agricultores e a vitalidade rural.

Nossas descobertas confirmam que a agricultura inteligente se tornou uma parte importante da economia nacional chinesa, embora ainda esteja em seus estágios iniciais. Porém, mesmo a China tendo começado tarde no desenvolvimento da agricultura inteligente, está se recuperando rapidamente e espera-se que se junte aos líderes mundiais em poucos anos. Com diversos avanços científicos, a China vem se tornando um dos países tecnologicamente mais avançados no campo da agricultura.

Não é mais possível ignorar as transformações agrícolas da China. Este pequeno livro pretende contribuir para ajudar a esclarecer dúvidas e incompreensões sobre a agricultura inteligente na China. Embora questões relacionadas à China estejam cada vez mais em debate, poucos estudos analisaram a evolução de sua política agrícola. Queremos trazer importantes feitos e informações para que seja mais fácil entender como a China organiza sua agricultura inteligente e sua produção de alimentos, de que modo funciona a estrutura da propriedade da terra, como vivem e trabalham os chineses no meio rural, entre outras questões relevantes.

# 1. Fundamentos históricos da agricultura na civilização chinesa

A China é uma civilização milenar formada inicialmente em cidades-Estado às margens dos grandes rios, onde a água estava facilmente disponível para irrigar os campos agrícolas e alcançar a produção. Os primeiros vestígios do cultivo de arroz na China datam de períodos pré-imperiais. Acredita-se que as atividades agrárias tenham começado por volta de 7500 a.C.

Os primeiros assentamentos de vilas de cultivadores neolíticos sedentários da China pertenciam à civilização dita de Yang Shao, caracterizada por suas cerâmicas coloridas. Esses assentamentos estavam localizados no coração do dispositivo mesolítico chinês, sobre altos terraços de solos siltosos pouco irrigados do médio rio Amarelo (Huanghe). Os mais antigos entre esses assentamentos remontam há 8.500 anos e se encontram no Henan, onde poderia, então, situar-se o centro irradiante original do norte da China. Segundo J. R., este teria em seguida se expandido ao noroeste, no Shanxi — sítios Yang Shao que datam de 7.000 anos antes da presente Era à oeste, no Gansu (6.500 anos) e ao sudoeste, no Hebei (6.000 anos). O milheto (italiano ou de pássaros), alguns legumes (couve, nabo), o rami (próximo à urtiga, cujas longas fibras fornecem matéria têxtil), assim como a amoreira para a criação do bicho da seda participam do complexo cultural bem-limitado dessas regiões de origem. A presença de ossos de animais domésticos nos sítios neolíticos chineses antigos testemunha o desenvolvimento da criação. Mas pode-se pensar que alguns desses animais (galinha, porco, boi) foram domesticados ali mesmo, fato que parece improvável em relação a outros (carneiro, cavalo etc.).

Por volta de 3000 a.C., já havia comunidades agrícolas no território chinês. Esses grupos desenvolveram suas sociedades nas proximidades dos Rios Huang-Ho, popularmente conhecido como Rio Amarelo, e Yang-tsé, conhecido como Rio Azul – lógica de ocupação que segue até os dias atuais. As cidades da Dinastia Shang (1600 a.C.-1046 a.C.) foram os primeiros assentamentos urbanos historicamente documentados na China. A Dinastia Shang foi a primeira dinastia chinesa a deixar registros escritos, e a ideia e a função das cidades assumiram uma importância elevada. Vinte e seis cidades foram desenvolvidas no período ao longo do rio Weihe, sendo "complexos palácio-templo-cemitério" que funcionavam como centros administrativos, econômicos e religiosos do governo. Essas cidades foram construídas dentro de muralhas que forneciam defesa. Mais tarde, as cidades muradas foram capitais de condados (hsien) e provinciais. Assim a civilização urbana se espalhou rapidamente. No período entre 722 e 481 a.C. havia pelo menos 210 cidades e várias cidades-Estados rivais. Algumas delas eram bastante grandes e bem-organizadas numa hierarquia urbana e política, incluindo capitais nacionais, provinciais e distritais. À medida que a China foi unificada sob o reinado de Qin (221 a.C.) e o império resultante foi expandido sob o reinado de Han (206 a.C. a 220 d.C.), a estrutura hierárquica dos centros urbanos, o planejamento urbano e as redes administrativas e de transporte entre os centros populacionais foram cuidadosamente desenvolvidos.

Estendendo-se a leste, nas regiões mais irrigadas (chuvosas) e, sobretudo, nos vales baixos dos rios Amarelo e Azul (Yangzi), esse complexo cultural se enriquece pela presença de duas plantas cultivadas muito importantes, como a soja vinda do nordeste e o arroz vindo do sudeste. É nessa zona de extensão do sudeste que emergiu, no sétimo milênio antes de nossa era, a cultura dita de Long Shan, caracterizada por suas cerâmicas negras e pela predominância do cultivo do arroz. Notemos, entretanto, que a hipótese segundo a qual o arroz teria sido adaptado de maneira independente em várias regiões do sudeste asiático atrai igualmente a atenção de numerosos pesquisadores.

Há uma lenda sobre o surgimento da agricultura na China. Diz-se que a agricultura chinesa deve suas origens ao Shennong (神農), ou "Agricultor Divino". Essa figura lendária é reconhecida por ter ensinado as pessoas a cultivar e a usar plantas como remédios. Muitas pessoas acreditam que ele existiu, enquanto outras o consideram um mito transmitido de geração em geração. Apesar disso, sua história é repleta de sabedoria, sacrifício e grandes contribuições para a civilização humana.

Acredita-se que Shennong tenha vivido há cerca de 5.000 anos. A lenda diz que Shennong teve um nascimento muito especial. Sua mãe, uma princesa, engravidou após ver um dragão em um sonho, o que indica uma união entre o terreno e o celestial. Alguns dizem que o pai de Shennong era um dragão que lhe concedeu poderes divinos. Shennong tinha sabedoria sobrenatural e um estômago transparente. Ele falou poucos dias após seu nascimento, andou em uma semana e começou a arar os campos aos três anos de idade. Parte superior do formulário

Segundo a lenda, por meio de experimentação e observação, Shennong descobriu quais plantas poderiam ser cultivadas para alimentação. A ele é creditada a introdução de ferramentas como o machado, a enxada e o arado, além de outros elementos agrícolas, como gado domesticado e técnicas de irrigação. Ele ensinou as pessoas a limpar a terra, semear, colher plantações de forma eficiente e guardar sementes para propagação; o que acabou levando à segurança alimentar e ao crescimento populacional. Arroz, painço, trigo e feijão estavam entre as culturas básicas que Shennong introduziu ao seu povo. Ele também elaborou o calendário agrícola sazonal, orientando os agricultores sobre quando plantar e colher de acordo com os ciclos naturais.

Além da agricultura, Shennong queria ajudar as pessoas a se manterem saudáveis. Naquela época, ninguém sabia quais plantas eram seguras para consumo e quais eram venenosas. As pessoas frequentemente adoeciam ou até morriam por consumir plantas tóxicas, então Shennong decidiu testar cada planta em si mesmo. Ele experimentou centenas de plantas diferentes para ver seus efeitos. Algumas o faziam sentir-se melhor, enquanto outras o deixavam enjoado. Graças ao seu estômago transparente, ele podia observar como cada erva interagia com seu corpo. Ele anotou cuidadosamente tudo o que aprendeu, criando um dos primeiros livros sobre fitoterapia, *Shen Nong Ben Cao Jing* (*O clássico da fitoterapia*), uma farmacopeia antiga que categorizava 365 plantas medicinais, incluindo chá, ginseng e efedrina. Suas descobertas mais tarde se tornaram a base da medicina tradicional chinesa. Shennong dividiu as plantas em três categorias: *plantas seguras* — boas para comer e manter o corpo forte; *plantas medicinais* — usadas para curar doenças, mas precisam ser usadas com cuidado; e *plantas venenosas* — perigosas e devem ser evitadas.

Uma das histórias mais famosas sobre as descobertas de Shennong é sobre o chá. Um dia, enquanto fervia água, algumas folhas de chá caíram acidentalmente em sua chaleira. Ao beber o chá, ele se sentiu revigorado e percebeu que ele ajudava a eliminar toxinas do corpo. Essa história não apenas credita a Shennong a descoberta do chá, mas também destaca a importância cultural do chá na história chinesa. Segundo a lenda, Shennong foi mortalmente envenenado ao provar uma flor amarela. Era uma erva altamente tóxica, hoje conhecida como Duanchangcao (斷腸草), ou "erva que parte o coração", e o veneno era tão forte que fez seu estômago estourar antes que ele pudesse tomar o antídoto. A lenda e a tradição, no entanto, preservam seu legado, e seu conhecimento continua a ajudar as pessoas há milhares de anos. Ele é adorado como uma divindade nas tradições taoístas, particularmente durante as épocas de plantio e colheita. Existem muitos templos e estátuas de Shennong por toda a China. Todos os anos, as pessoas celebram festivais em sua homenagem. Elas agradecem pelo alimento que têm e pelos remédios que as mantêm saudáveis.

Na dinastia Han (206 a.C.-220 d.C.), os agricultores utilizavam métodos combinados de aração e gradeamento. Após revolver o solo, utilizavam uma grade arbustiva sem dentes para alisar o solo e soltá-lo, reduzindo assim a perda de umidade por evaporação. Nas dinastias Wei e Jin (220-420), um processo de gradagem foi adicionado entre os dois procedimentos.

Durante milênios na China, a segurança alimentar esteve inextricavelmente ligada à estabilidade social. A escassez de alimentos e a fome frequentemente desempenharam um papel central no desencadeamento de revoltas violentas. O último governo imperial chinês — a Dinastia Qing (1644-1911) — viu grandes problemas de fomes entre 1810 e 1907 que resultaram na morte de dezenas de milhões. Esses períodos de fome foram frequentemente seguidos por ou serviram como catalisadores para grandes rebeliões e conflitos mortais que enfraqueceram o controle imperial e pioraram as condições socioeconômicas no império, o que contribuiu para o colapso da dinastia.

Confúcio dizia que nutrir o povo é o princípio primordial do bom governo. E a noção de "mandato do céu" (Tianming), reivindicada na China como fonte de legitimidade do poder dinástico, expressava a crença de que as calamidades naturais e eventos climáticos extremos como secas, pestes e inundações que causam desnutrição e fome são produtos do mau governo, justificando a retirada do apoio do povo ao regime. Isto é, a legitimidade dos governos está conectada à questão agrícola.

"Agricultores", "áreas rurais" e "agricultura" são frequentemente mencionados juntos na China como "三农 sān nóng", também conhecidos como as Três Questões Rurais, que representam o "quem", o "onde" e o "o quê" no desenvolvimento rural. Na China, esses três elementos são inseparáveis sempre que falamos sobre agricultura. Com uma tradição agrícola milenar, a China sempre valorizou a agricultura como uma atividade fundamental para a sua economia, a sua sociedade e a sua cultura. Por isso, o campesinato desempenhou papel ativo em todas as mudanças ocorridas na história da China, desde as dinásticas até a revolução dirigida pelo Partido Comunista Chinês (PCCh).

As questões relacionadas à agricultura, à zona rural e aos agricultores são fundamentais e estão estreitamente ligadas à economia nacional e à subsistência do povo, razão pela qual o PCCh sempre as considerou a prioridade das prioridades nos trabalhos de todo o Partido. Mais concretamente, vem sendo intensificada a política para desenvolver a agricultura, beneficiar a zona rural e enriquecer os agricultores, para estruturar e aperfeiçoar os sistemas de desenvolvimento e mecanismos políticos para o avanço integrado entre as zonas urbanas e rurais, segundo o objetivo geral de alcançar a prosperidade rural, um meio ambiente mais habitável, administração eficaz e vida próspera.

# 2. Revolução agrícola moderna na China

Nas vésperas da Revolução de 1949, a China tinha uma população de mais de meio bilhão de pessoas. A agricultura era intensiva e arcaica, com uma forte presença de campos de arroz, exceto no clima seco da região norte. A fome era, então, uma constante na vida dos camponeses.

A forma arcaica que dominava a agricultura chinesa na sociedade pré-revolucionária advinha de uma concentração da propriedade rural nas mãos de uma minoria. O sistema de propriedade fundiária na China era extremamente desigual. Os latifundiários e os camponeses ricos, cerca de 10% da população rural, ocupavam mais de 70% das terras cultivadas. No outro polo, os camponeses médios e pobres e os assalariados, constituindo mais de 90% da população rural, ocupavam 30% das terras cultivadas e eram subordinados a formas de exploração que geravam consequências desastrosas para toda a sociedade. Esse fato criava uma situação de desigualdade entre a minoria proprietária e a maioria camponesa, que então se via sujeita a uma exploração desmedida. Seria, aliás, essa situação que o PCCh, fundado em 1921, combateria e denunciaria. Por força das circunstâncias históricas e da precariedade massiva que reinava nos campos chineses, o PCCh se torna uma organização camponesa. Mao Tsé Tung adapta o marxismo à realidade chinesa e coloca o campesinato como sujeito revolucionário. A sua base guerrilheira seria, desse modo, essencialmente, de origem campesina, e seria precisamente essa base que lhe permitiria vencer a guerra civil.

Em agosto de 1927, sob a direção de Qu Qiubai, Zhou Enlai, Zhu De e He Long, realizou-se o levante de Nanchang e, em setembro do mesmo ano, acontece o levante da Colheita de Outono, na região das montanhas Chinggang. Depois que o Kuomindang se voltou contra o PCCh durante o Massacre de Xangai de 1927, os comunistas passaram à clandestinidade ou fugiram para o campo. Em Jinggangshan (井冈山), localizado na região fronteiriça entre as províncias de Hunan e Jiangxi, Mao Zedong estabeleceu seu primeiro soviete camponês. A segurança foi fornecida por Zhu De e suas tropas restantes. Outros veteranos que se juntaram à nova base incluíam Lin Biao e Zhou Enlai. De Jinggangshan, várias tentativas foram feitas para iniciar a revolução. No inverno de 1928-1929, a organização mudou-se para Ruijin, província de Jiangxi, onde o Soviete de Jiangxi foi estabelecido. Aqui, o precursor do Exército de Libertação Popular foi formado; aqui, o partido começou a organizar o campesinato como sua base de massa; aqui, deu-se o ponto de partida para a reforma agrária. Os comunistas chineses fortalecem, a partir de então, a sua posição entre as massas rurais, sobretudo através de uma cuidadosa política agrária, num momento em que a luta pela terra se torna num elemento essencial da luta política. No contexto da guerra que então se travava, uma reforma agrária é, desde logo, lançada nas zonas libertadas. Comunistas liderados por Mao começaram a formar pequenos sovietes, culminando na criação da República Soviética da China em Ruijin, Jiangxi, em 1931. O Soviete de Jiangxi foi formado por comunistas chineses que viam o campesinato, a maior e mais empobrecida classe do país, como a fonte natural da ação revolucionária. A República Soviética da China expandiu-se, especialmente na região da fronteira Jiangxi-Fujian, atingindo um pico de reivindicação territorial de mais de 30.000 km² (12.000 milhas quadradas) e uma população que chegava a mais de 3 milhões, cobrindo partes consideráveis de duas províncias (com Tingzhou em Fujian). Além da milícia, seu exército regular somava mais de 140.000. Em 1930, as experiências de Deng Zihui com a reforma agrária em Minxi foram amplamente divulgadas nas publicações do PCCh e tornaram-se um importante ponto de referência para as políticas fundiárias do Soviete de Jiangxi de 1931 a 1934. Essas regiões passaram por uma reforma agrária e a terra havia sido redistribuída para os camponeses. Mais de 10 mil cooperativas foram criadas e o pequeno grupo de soldados revolucionários que fugiu das cidades havia crescido, formando um exército de dezenas de milhares de homens e mulheres, trabalhadores e camponeses.

A República Soviética Chinesa foi a maior porção do território da China Republicana a operar sob controle comunista até o estabelecimento da República Popular da China (RPC) em 1949. Como tal, foi um "protótipo" do que estava por vir. Liderada e inspirada por Mao Zedong de 1931 a 1934, a República Soviética Chinesa tornou-se um modelo em miniatura de uma sociedade comunista em pleno funcionamento. Isso significou o controle total do governo pelo PCCh, um Exército Vermelho, um sistema judiciário e educacional liderado pelo partido e uma economia que sustentou esse miniestado por anos até que ele não pudesse mais resistir ao seu principal adversário, o Exército Nacionalista de Chiang Kai-shek.

É por essa razão que, antes mesmo da vitória definitiva do Exército Popular de Libertação (EPL), o PCCh lança, ainda em 1947, um projeto de lei de reforma agrária, com 16 artigos, o qual, aplicando-se às regiões por ele controladas, se inseria num projeto avançado de mobilização massiva de camponeses. Por meio do artigo 1º da lei, é "abolido o sistema agrário de exploração feudal e semifeudal. Fica instituído o sistema agrário da terra para quem a trabalha". Por sua vez, por meio do artigo 2º, "são abolidos todos os direitos de propriedade territorial dos latifundiários". Esse projeto de lei de reforma agrária, com um total de 16 artigos, conduziu a uma ampla e verdadeira insurreição camponesa, paralelamente ao avanço das tropas do exército popular. Conhecida na linguagem chinesa como fanshen — contar com as próprias forças —, esse vigoroso levante, na boa tradição dos movimentos camponeses do passado, foi muito além da redistribuição das terras e dos meios de produção dos latifundiários e dos camponeses ricos. Adotou uma série de práticas de igualdade entre os sexos, estudo de conhecimentos agronômicos e alfabetização que representavam não só uma revolução na propriedade territorial, mas em muitos outros campos das relações camponesas. Enfim, o Soviete de Jiangxi foi um laboratório social e econômico para testar o socialismo baseado no camponês.

No final, a República de Jiangxi-Fujian sofreu perdas massivas, perdendo a maior parte de seu equipamento durante o primeiro, segundo, terceiro, quarto e quinto ataques. Diante do "cerca de aniquilamento" do Kuomindang, é realizada uma retirada estratégica. Por mais de um ano, o Exército Vermelho e seus apoiadores camponeses percorreram 9 mil quilômetros, atravessaram 18 montanhas e 24 rios. Usando sandálias feitas de capim seco, marcharam uma média de 50 quilômetros por dia e se envolveram em batalhas a cada 72 horas, enquanto eram perseguidos por ataques aéreos e centenas de milhares de soldados inimigos por terra. Das 86 mil pessoas organizadas em quatro colunas que partiram nessa jornada, muitos morreram de fome, foram mortos, desertaram ou desistiram ao longo do caminho. Em outubro de 1935, apenas 8 mil soldados do Exército Vermelho chegaram a Yan'an, na província de Shaanxi. Na década que se seguiu, o grupo de comunistas mal-alimentados e mal-equipados mobilizou o apoio de dezenas de milhões de camponeses na região, conquistou apoio popular nas cidades, cresceu a militância no Partido para 1,2 milhão de pessoas e construiu um Exército Vermelho composto de 1 milhão de soldados, apoiado por milhões de camponeses armados. Em outubro de 1949, 14 anos depois de chegar a Yan'an, Mao Zedong declararia o estabelecimento da RPC em Pequim.

## 2.1. De 1949 a 1978

Com o estabelecimento da RPC em 1949, o governo comunista do país enfrentou vários desafios imediatos para garantir um suprimento de alimentos estável e suficiente. A revolução rural liderada por Mao incorporou com sucesso o PCCh entre a maioria camponesa por meio da abordagem da "linha de massas". Isso integrou a sociedade rural em progressiva desintegração, transformando o campo em uma fonte inesgotável de força revolucionária. A revolução rural de Mao cumpriu as tarefas históricas de resistir à agressão imperialista externa e de consolidar o poder nacional internamente. Entre 1949 e 1953, a revolução socialista promoveu uma reforma agrária radical, que distribuiu as terras para ex-arrendatários e trabalhadores rurais pobres, constituindo uma agricultura camponesa com base na pequena propriedade e no trabalho familiar. O latifúndio feudal foi eliminado, a produtividade agrícola melhorou e consolidou-se a "aliança operário-camponesa" sob a égide do PCCh.

Após décadas de invasão estrangeira e guerra civil, os cidadãos chineses estavam entre os mais pobres do mundo. A força de trabalho agrícola do país mal estava se recuperando de anos de recrutamento em massa e movimentos do campo para escapar da guerra. Além disso, a população de cerca de 550 milhões de pessoas estava crescendo rapidamente. Sob o presidente Mao

Zedong, a RPC realizou reformas agrárias no campo, eliminou a propriedade privada de terras e estabeleceu coletivos agrícolas em linhas semelhantes à abordagem coletivizada controlada pelo Estado da União Soviética.

A partir de 1949, sob a liderança do PCCh, a China considera que o campesinato e a agricultura são "o fundamento da Nação". Em 28 de junho de 1950, foi promulgada a Lei de Reforma Agrária. Ela nacionalizou a terra, consolidou associações e comitês camponeses e criou algumas fazendas estatais. Houve a eliminação física de 800 mil a 1 milhão de latifundiários, cuja crueldade era bem conhecida. Até 1952 foram distribuídos 47 milhões de hectares, cerca de 50% das terras cultivadas, entre 300 milhões de camponeses. Para cada família coube aproximadamente 0,4ha. Os camponeses médios continuaram, em geral, com suas parcelas e seus instrumentos de trabalho. Aos camponeses ricos, por sua vez, foi entregue uma parcela correspondente ao que efetivamente eles poderiam trabalhar com seu próprio esforço; o restante de sua terra e de seus meios de produção foi entregue aos camponeses que não os tinham. Os antigos latifundiários, não culpados de crimes, receberam, do que lhes foi confiscado, o necessário para trabalhar por sua conta. Desse modo, os camponeses pobres e médios passaram a ocupar 90% das terras e os ricos somente 8%.

A China viu o sucesso inicial nas medidas. O resultado imediato foi o crescimento da produção em mais de 60 milhões de toneladas em dois anos, aumento da produção agrícola em quase 4% ao ano de 1952 a 1958 e elevação da renda dos camponeses. O aumento da irrigação em todo o país também melhorou os rendimentos das fazendas coletivizadas. A Reforma Agrária teve vários resultados positivos: significou que os sem-terra e os trabalhadores rurais passaram a ter a posse da terra e, também, os recursos que lhes permitiam viver com dignidade; significou que a população rural, possuindo seu quinhão de terra, desenvolvesse por tabela o interesse em melhorá-la, o que aumentou a produtividade; significou que a antiga cultura de liderança dos senhores de terra, dentro da velha ordem de relações patriarcais, fosse eliminada, junto aos seus resultados miseráveis. Esses desdobramentos positivos melhoraram as condições de vida e trabalho da maioria do povo chinês, construindo quase de imediato um sentimento de lealdade à Revolução Chinesa. Porém, essas condições eram limitadas pela incapacidade da indústria em produção equipamentos agrícolas, pela transferência de renda agrícola para a industrialização e pela ação dos antigos camponeses ricos e latifundiários que procuravam retomar a terra e colocar os camponeses pobres a seu serviço (Pomar, 2009).

Em 25 de julho de 1955, o Presidente Mao Zedong manifesta que, em 1958, metade dos camponeses deveria estar organizada em cooperativas. Assim sendo, em outubro de 1955, uma resolução do Comitê Central do PCC preconiza que "onde as condições estão prontas, serão estabelecidas, a título experimental, cooperativas de tipo avançado, inteiramente socialistas". Essa forma de cooperativismo generaliza-se no fim de 1956 e no início de 1957, sendo, então, criado um tipo de cooperativas em que a propriedade privada da terra e dos meios de produção é totalmente substituída pela propriedade coletiva. Esse tipo de cooperativas foi-se afirmando no panorama rural chinês, e, em 1957, cada uma das 740 mil cooperativas de tipo superior possuía 168 famílias, com área média de 140ha. Em agosto de 1958, o Comitê Central do PCC adota uma resolução a favor da criação, em todo o território chinês, das comunas rurais. Resultado da fusão de várias cooperativas rurais, cada comuna contava, aproximadamente, com 5.000 famílias, 4.000 hectares de terras cultivadas e 9.000 camponeses, num processo de organização do trabalho agrícola em que cada trabalhador recebia a sua parte, segundo o seu trabalho.

No entanto, diante do isolamento internacional, sob a tentativa de Mao de alcançar uma rápida industrialização por meio das políticas do Grande Salto Adiante (1958-1962), os fazendeiros foram designados para fabricar aço em fornos de quintal em vez de cultivar safras — o que, dada sua inexperiência, frequentemente resultava em produção ineficiente que gerava ferro comercialmente inutilizável. Os quadros tinham fazendeiros seguindo diretrizes mal-planejadas, como o abandono de técnicas agrícolas tradicionais chinesas em favor de ideias influenciadas pelo agrônomo soviético Trofim Lysenko. Nesse período houve um processo de coletivização que avançou em quatro fases: a organização de "equipes de ajuda mútua"; a criação de "cooperativas de produtores agrícolas de nível inferior"; a união de terras, ferramentas e outros meios de produção particulares em "cooperativas de produtores agrícolas de nível superior"; e, finalmente, a formação das "comunas populares". Isso permitiu coordenar grandes projetos de construção de irrigação, escolas, hospitais e outras infraestruturas rurais, mas o Grande Salto Adiante estabeleceu metas de produção irrealistas que acarretaram fome. O setor agrícola foi ainda mais pressionado por uma série de desastres naturais, incluindo as inundações de 1958 em grandes partes do norte da China e as secas em 1960-1961. Essas falhas contribuíram para a crise de segurança alimentar conhecida como os "Três Anos da Grande Fome". Entre 1962 e 1978, foram feitos ajustes institucionais estabelecendo um sistema de três níveis de comuna, brigada e equipe, permitindo lotes agrícolas particulares, feiras livres e empreendimentos artesanais, conhecidos como as "três pequenas liberdades". Por meio do sistema de remuneração de "pontos de trabalho", da "tesoura de preços" entre agricultura e indústria e de um capilarizado serviço de pesquisa e extensão rural, a chamada "Revolução Verde da China Vermelha" introduziu novas tecnologias, iniciou um processo de integração vertical da produção e transferiu recursos para a industrialização, mas o aumento da produtividade agrícola pouco acima do crescimento populacional, os níveis de consumo reprimidos dos camponeses e a instabilidade da Revolução Cultural puseram fim ao sistema de comunas.

## 2.2. De 1978 a 2013

A ascensão de Deng Xiaoping, em 1978, levou a reformas econômicas graduais orientadas para o mercado. Wan Li, como chefe do partido na província oriental de Anhui, foi responsável pela reforma agrária ao instituir o sistema de responsabilidade familiar pelo qual os agricultores dividiam as terras comunais. Suas diretrizes relaxaram os controles sobre o comércio, permitindo que os agricultores vendessem os excedentes de produção de forma independente. As reformas agrícolas de Anhui foram anunciadas como inovações brilhantes pelo governo central. Wan foi visto como um pioneiro que fez contribuições significativas para os programas nacionais de reforma na década de 1980, sendo seguido por programas de reformas abrangentes. No campo, isso significou a eliminação gradual das fazendas coletivas em favor da propriedade familiar. As famílias foram autorizadas a vender safras que foram cultivadas além das cotas do governo, incentivando assim o aumento da produtividade. A produção agrícola aumentou de 2,7% ao ano em 1978 para 7,1% ao ano durante os cinco anos seguintes às reformas. Entre 1978 e 1993, o processo de reformas e aberturas fomentou a descoletivização (completada em 1984) e sedimentou o "sistema de responsabilidade familiar" (SRF). A terra continuou propriedade coletiva, mas os camponeses passaram a ter direitos de contrato e uso da terra, podendo administrar a produção por iniciativa própria. O novo sistema de distribuição com compras públicas garantidas, combinando cotas estatais e preços de mercado, os termos de troca favoráveis à agricultura, a diversificação agrícola e pecuária e o boom da produção e do emprego não agrícola nas "empresas de vilas e aldeias"

(EAMs) elevaram os níveis de produtividade, renda e consumo rural.

Deng apontava que o melhor meio de modernizar uma economia de mercado nacional é começar pela expansão e pelo aprimoramento da agricultura. Essa expansão cria oportunidades para o desenvolvimento espontâneo das atividades manufatureiras numa relação de apoio mútuo com as atividades agrícolas. Esse crescimento agrícola e industrial gera um excedente de mercadorias que é mais lucrativo vender no exterior, gerando novas oportunidades para o aparecimento de novos ramos de produção especializados e para acumular capital.

No final da década de 1970, a China inicia uma série de reformas no campo, começando pelo desmantelando do sistema de terras comunais e a substituição pelo sistema de responsabilidade familiar, disseminando terras agrícolas para os agricultores com base em um princípio igualitário, resultando em milhões de pequenos agricultores com lotes pequenos e fragmentados. As reformas deram aos 800 milhões de camponeses o direito de escolher diferentes sistemas de responsabilidade pela produção agrícola, de forma cooperada, familiar ou individual. O que precisava para garantir insumos e alimentos para 1 bilhão de pessoas era ampliar o incentivo aos camponeses com a rápida expansão da indústria leve, bens de consumo e serviços. A nova linha passou a visar ao crescimento de formas diversificadas de direito de propriedade. Passou-se a introduzir reformas com o objetivo de fortalecer o mecanismo do mercado, sempre com o pressuposto de que a propriedade pública deve permanecer dominante. Em 1983, Deng Xiaoping apontava a importância do trabalho agrário:

> Deve haver um plano abrangente para a produção agrícola, dando prioridade ao aumento da produção de grãos. Devemos elaborar cuidadosamente a quantidade mínima de grãos que terá que ser produzida no ano 2000 para que cada pessoa tenha o suficiente. De uma forma ou de outra, devemos atingir

> essa meta em 2000. É uma meta de importância estratégica. Na China, cada pessoa geralmente consome de 200 a 250 quilos de grãos por ano, e isso é um acréscimo à quantidade necessária para sementes, ração animal e usos industriais. Não é fácil produzir grãos suficientes; isso exige esforços de vários setores diferentes. O plano geral deve incluir meios específicos para atingir essa meta. Por exemplo, deve haver números separados para a quantidade de grãos adicionais a serem produzidos por meio do uso de mais fertilizantes, por meio do uso de variedades melhoradas de sementes, por meio de construção de capital aprimorada, por meio da prevenção e controle de doenças de plantas e eliminação de pragas, por meio de melhor gerenciamento e assim por diante. No entanto, não podemos depender apenas de aumentos na produção de grãos para quadruplicar a produção agrícola como um todo; devemos confiar principalmente na diversificação. A agricultura tem um grande potencial esperando para ser explorado, mas ainda nem começamos a delinear objetivos gerais. Agrônomos fizeram muitas sugestões boas. Devemos intensificar a pesquisa científica e o treinamento de pessoal competente. Devemos nos concentrar em projetos-chave em ciência agrícola. Nunca devemos esquecer que a agricultura é a base da nossa economia.

O Comitê Central do PCC emitiu uma série, Documentos Centrais n. 1 (*zhongyang yihao wenjian*), com foco na agricultura, áreas rurais e agricultores por cinco anos consecutivos, de 1982 a 1986. Durante esse período, à medida que o programa de contratação de terras de 15 anos era implementado, as antigas compras estatais unificadas e as cotas estatais de grãos e outros produtos agrícolas importantes, que estavam em vigor há três décadas, foram abolidas. Isso marcou o fim da prática da era Mao de extrair excedentes da agricultura para alimentar a industrialização e promover uma estrutura econômica orientada para a indústria pesada. Na época, o lema do camponês era: "Dê o suficiente para o país, guarde o suficiente para o coletivo e o resto é todo nosso".

A produção de grãos apresentou salto extraordinário durante o período de 1978 e 1992, alcançando cerca de 440 milhões de toneladas, tendo sido acompanhada pela produção de arroz, cana-de-açúcar, fibras, algodão e frutas, que também apresentaram crescimentos expressivos. A área cultivada da agricultura chinesa passou por substancial elevação, o que refletiu na incorporação de regiões antes inabituais para a produção da agricultura, mas que, a partir das reformas, passariam a ser incorporadas como consequência do uso intensivo de fertilizantes químicos e da mecanização da produção.

As principais reformas implementadas a partir da ascensão de Deng Xiaoping foram a transferência do controle da produção e a distribuição agrícolas das comunas para as famílias por meio do SRF; a elevação dos preços dos produtos agrícolas, estimulando a produção, a melhoria da produtividade, e o aumento dos lucros, estimulando com o tempo o investimento em atividades não agrícolas; a eliminação gradual das restrições à mobilidade do trabalho e ao comércio agrícola, e, por fim, as mudanças relacionadas às Empresas de Aldeias e Municípios (EAM), cujo crescimento representou um dos traços mais importantes no período inicial das reformas.

Cooperativas e fazendas estatais transformaram-se gradualmente em corporações rurais, que coordenam agricultura, indústria, comércio e serviços, associando-se entre si e com famílias camponesas especializadas, instituições científicas e empresas rurais e urbanas, de diferentes formas. Dessa forma, o modo de produção camponês evoluiu sob o comando de corporações rurais públicas, tanto estatais como cooperativas. Esse processo desencadeia uma revolução industrial rural sem precedentes, através das empresas de cantões e povoados, empresas estatais e a multiplicação de pequenas e médias empresas privadas. As indústrias rurais de confecção, motores, equipamentos, construção civil, agroindústria, entre outras, contribuíram para urbanizar as zonas rurais e evitar o êxodo rural. E, ao introduzir técnicas agronômicas científicas na agricultura, elevaram a produtividade por área e por trabalhador.

A principal estratégia para a manutenção da renda das zonas rurais é conferir papel fundamental às indústrias rurais, que possibilitam o alargamento da geração de empregos. O intuito das ações é que as indústrias rurais aproveitem os recursos regionais e as vantagens locais para a construção de parques industriais agrícolas modernos, cidades industriais agrícolas robustas, aglomerados industriais com vantagens características e parques de demonstração de tecnologia para o desenvolvimento integrado de indústrias rurais primária, secundária e terciária. Isso forma um ambiente favorável para a criação de novas entidades empresariais agrícolas, o que contribui para a construção de um mercado sólido de produtos agrícolas e uma rede central de circulação de produtos, substanciais para promoverem a integração entre a agricultura de lazer e o turismo rural.

Para Giovanni Arrighi, as EAMs tornaram-se a fonte primária de reorientação das energias empresariais dos quadros do partido e das autoridades do governo para os objetivos desenvolvimentistas. Sendo financeiramente autossuficientes em sua maioria, elas também se tornaram os principais agentes da realocação de excedentes agrícolas para a realização de atividades industriais com uso intensivo de mão de obra que pudesse absorver produtivamente o excesso de trabalhadores rurais. Ao lado do desenvolvimento agrícola, a implementação das EAMs estimulou o crescimento explosivo do envolvimento dos trabalhadores do campo em atividades não agrícolas. Ao longo das décadas de 1980 e 1990, o governo continua avançando no processo de modificação e regulamentação das EAMs. Nesse sentido, com o tempo elas vão sendo definidas como propriedade coletiva dos habitantes da aldeia, com a nomeação dos responsáveis por sua administração, contudo, atribuída aos governos locais. Uma das características da EAMs diz respeito à regra que obriga o reinvestimento de pelo menos metade dos lucros auferidos pela empresa, a ser destinado seja ao aumento da produção, seja a programas de assistência social ou incentivos, mas também, em alguns casos, a projetos de infraestrutura ou outros de natureza distinta. Para Arrighi, essa necessidade de investimento dos lucros promove uma dinamização do mercado interno e possibilita "novas rodadas de investimento, criação de empregos e divisão do trabalho". A implantação e o fortalecimento das EAMs com os demais aspectos das reformas fizeram delas um tremendo sucesso, com o crescimento explosivo da força de trabalho rural envolvida em atividades não agrícolas: de 28 milhões de pessoas em 1978 para 176 milhões em 2003. Entre 1980 e 2004, as EAMs criaram quatro vezes mais empregos do que se perdeu em emprego público e urbano coletivo.

A contribuição do produto interno bruto (PIB) *per capita* das EAMs sobre o PIB *per capita* total do setor rural apresentou um salto significativo durante o período analisado neste capítulo. Em 1978, cerca de 7,6% do PIB *per capita* rural advinha das atividades das EAMs, saltando para 24,6% em 1985 e 27,1% em 1992. Uma das justificativas de tal elevação, para o autor, é que as EAMs estavam tanto direcionadas para o comércio interno quanto para o comércio externo, além do fato de que a remuneração dos trabalhadores estava ligada à performance de produção.

Em 31 de outubro de 2006, a Lei das Cooperativas Agrícolas da RPC foi oficialmente promulgada, com previsão de implementação em 1° de julho de 2007. A lei teve grande importância prática e profunda importância histórica na liderança e promoção do desenvolvimento das cooperativas agrícolas. A partir de 2007, o número de cooperativas de agricultores tem aumentado constantemente, assim como o número de associados. Até o final de 2010, o número de cooperativas registradas na Administração Industrial e Comercial era de 379.100, 9,3 vezes o número de 2007; os associados efetivos eram 29 milhões de famílias, representando aproximadamente 10% do total de famílias do país, 8 milhões a mais do que no final de 2009. Mais de 90% das cooperativas são detidas por agricultores.

Entre 1980 e 1990, o crescimento econômico da China atingiu a impressionante taxa de 9.5% ao ano, superior à observada nos países do Leste Asiático. O principal movimento ocorrido na China entre 1980 e 1983 foi a excepcional expansão do setor primário. A incidência da pobreza caiu fortemente entre 1978 e 1985. Um aspecto central foi a expansão da agricultura e da indústria rural, resultando num crescimento de 9,6% a.a. da renda *per capita* dos residentes rurais entre 1980 e 1988 contra 6,3% a.a. dos residentes urbanos.

Em 1990, a safra de cereais alcançou 446 milhões de toneladas, superando a meta prevista para o ano 2000. Em 2012 a produção de cereais se elevou a 589 milhões de toneladas, embora as terras de cultivo fossem constantemente pressionadas pela expansão urbana e a área agrícola chinesa continuasse limitada a cerca de 130 milhões de hectares. Praticamente todos os demais cultivos agrícolas deram saltos consideráveis na produtividade e na produção total. Entre 1978 e 2012, o algodão saltou de 2 milhões de toneladas para 6,8 milhões; as oleaginosas passaram de 5 milhões de toneladas para 34 milhões; a cana-de-açúcar saiu de 21 milhões de toneladas para 123 milhões; e a produção da criação de pescados elevou-se de 4,6 milhões de toneladas para 59 milhões. A produção pecuária continuou sendo insignificante até os anos 1990. Mas, no ano 2000, apresentou uma produção de 60 milhões de toneladas de carnes, e 9 milhões de toneladas de leite. Em 2012, a produção de carnes se elevou a 83,8 milhões de toneladas e a de leite a 38 milhões de toneladas. Para melhorar as condições de transporte nas áreas rurais, a extensão das estradas servindo a elas cresceu de 13 milhões de quilômetros, em 2002, para 16 milhões de quilômetros, em 2011. Paralelamente, a renda camponesa, que era de 134 yuans em 1978, subiu para 686 yuans em 1990, 2.253 yuans no ano 2000, 3.225 yuans em 2005, e 7.917

yuans em 2012. O salto entre 2005 e 2012 deveu-se, em grande parte, ao fato de que, em 2006, as reformas rurais aboliram todos os impostos agrícolas (Pomar, 2015).

As reformas chinesas também indicam que o excedente de trabalhadores no campo, em virtude da modernização da agricultura, não precisa necessariamente transportar-se para as grandes cidades industriais, oferecendo-se por salários mais baixos e concorrendo com os demais trabalhadores. É possível evitar grande parte dessa migração através da industrialização e da universalização dos serviços públicos nas próprias zonas rurais. De qualquer modo, foi inevitável que milhões de camponeses se transformassem em proletários nas empresas capitalistas nacionais e estrangeiras, submetendo-se à exploração (Pomar, 2015).

Nos anos de 1994 a 2006, as crescentes desigualdades entre campo e cidade, a cobrança de impostos e taxas excessivas e arbitrárias e as desapropriações de camponeses pelo mercado imobiliário motivaram protestos rurais. A partir de 2002, o governo impõe limites aos governos locais quanto ao suprimento de terras, estipula lei sobre o direito de propriedade do solo, e abole todos os impostos agrícolas e demais encargos que pesavam sobre os camponeses. O relaxamento do hukou facilitou o afluxo de trabalhadores migrantes para as Zonas Econômicas Especiais (ZEEs), mas a resposta para os "três problemas agrários" (agricultura, camponeses e campo) só chegou com a abolição dos impostos e taxas, com o programa Construindo um Novo Campo Socialista (CNCS) e com uma ampla gama de subsídios agrícolas e de serviços e infraestruturas rurais. Entre 2006 e 2012, o governo passou a priorizar a "modernização da agricultura", baseada no uso de tecnologias, insumos e equipamentos industriais, na especialização e intensificação agrícola e no aumento do tamanho das áreas e das escalas de produção, alegando os objetivos de garantir segurança alimentar, criar novos empregos e aumentar a renda rural. Em 2013, foi instituído o direito de os camponeses realizarem contratos de "transferência de terra" para terceiros, alimentando a entrada de empresas de agronegócio, a introdução de relações capitalistas de produção e a diferenciação social rural.

A produção de grãos é uma pedra angular da estratégia de segurança alimentar da China, com ênfase em garantir estabilidade "absoluta" na produção de trigo e arroz, grãos que são vistos como essenciais para a segurança alimentar da China, fornecendo a base para uma estrutura agrícola autossuficiente. Em 2006, o governo introduziu um preço de suporte para o trigo: quando os preços de mercado caem abaixo do preço mínimo estabelecido anualmente, o governo se compromete a comprar trigo dos agricultores pelo preço de suporte, garantindo um nível de renda para os agricultores e incentivando o cultivo contínuo dessa cultura básica específica. De 2003 a 2013, a produção doméstica de grãos aumentou de 430 milhões de toneladas métricas para mais de 600 milhões de toneladas métricas, especialmente em regiões-chave como o Rio Yangtze, nordeste e planícies do norte.

## 2.3. De 2013 à atualidade

O Documento n. 1 é elaborado anualmente pelo Estado chinês, e seu objetivo é traçar metas para o progresso de áreas consideradas cruciais para o desenvolvimento do país. As três questões foram pauta de todas as edições do Documento n. 1 entre 2004 e 2025, que trata da política nacional mais importante da China. Guiado pelo "socialismo com características chinesas", o caminho é a criação de um novo conceito de desenvolvimento orientado pela inovação e que vise à promoção do desenvolvimento rural de alta qualidade, dedicado à produtividade agrícola, à renda do agricultor e às melhorias da infraestrutura em áreas rurais, com vistas a promover o abrangente da revitalização rural e acelerar a modernização da agricultura e do meio rural. Dessa forma, a revitalização rural pode ser atingida por meio da celeridade das transformações de base, da modernização da agricultura e das áreas rurais e da formação de uma nova relação urbano-rural de promoção mútua, com desenvolvimento coordenado e prosperidade comum.

Com Xi Jinping, a partir de 2013, a segurança alimentar foi elevada como prioridade nacional, com a China trabalhando para salvaguardar seu suprimento de alimentos de longo prazo em meio à crescente instabilidade global. Além disso, diagnosticando um ambiente internacional mais contencioso, existe maior ênfase à autossuficiência agrícola e ao fornecimento diversificado de insumos, alimentos, tecnologia e *know-how* essenciais.

Estão sendo feitos investimentos cada vez mais significativos em pesquisa e desenvolvimento (P&D), particularmente em tecnologias de sementes híbridas para culturas como arroz e trigo. Esse compromisso com a inovação é ainda mais evidente no 14º Plano Agrícola Quinquenal (2021-2025) que, vinculado ao Plano Nacional de Desenvolvimento Científico e Tecnológico de Médio e Longo Prazo (2021-2035) e ao 14º Plano Quinquenal para Promover a Modernização Agrícola e Rural, enfatiza influxos financeiros substanciais, direcionados para tecnologias de sementes híbridas, particularmente no domínio do arroz híbrido, milho, soja e trigo, e a "criação de alimentos do futuro", como ovos de origem vegetal. Além disso, designa áreas-chave para a produção de culturas básicas, como batatas no sudeste da China, arroz de dupla safra e trigo de alta qualidade no Cinturão Econômico do Rio Yangtze. Em 2021, emendas à Lei de Sementes da China fortaleceram a proteção dos direitos e interesses legais dos proprietários de novas variedades de plantas, incentivando a P&D de sementes. Com progressivos investimentos nesse período, os gastos do setor público da China em Pesquisa Agrícola chegaram a 8 bilhões de dólares em 2024, maiores do que os da Índia, dos Estados Unidos e do Brasil juntos.

De 2012 a 2023, a produção de grãos da China aumentou 13,59%, e, em geral, a contribuição da melhoria da produtividade por unidade para o aumento da produção de grãos foi muito maior do que a da área. Entre eles, o aumento da produção de arroz e trigo dependeu principalmente do aumento da produtividade por unidade, enquanto o aumento da produção de milho e soja veio principalmente da expansão da área arável.

Em 2017, o Décimo Nono Congresso Nacional do PCCh reafirmou as tarefas da Nova Era (com início em 2012), concentrando-se em abordar as questões proeminentes do "desenvolvimento desequilibrado e inadequado". Elevou a estratégia de revitalização rural e a estratégia de desenvolvimento coordenado regional a estratégias nacionais. Os esforços nacionais de "alívio direcionado da pobreza" nas áreas rurais resultaram na erradicação bem-sucedida da pobreza extrema no país em 2022.

Em 2022, o conceito de "modernização ao estilo chinês", que visa revitalizar as áreas rurais e reduzir as disparidades regionais de desenvolvimento, foi introduzido pelo PCCh em um contexto de crescentes pressões internacionais, com a presença simultânea de oportunidades e riscos de desenvolvimento e um nível crescente de imprevisibilidade. Esse caminho para a modernização visa estabelecer um padrão de desenvolvimento de "dupla circulação", liderado pelo ciclo econômico doméstico, com o ciclo econômico internacional desempenhando um papel complementar. Em maio de 2020, a dupla circulação foi anunciada pelo governo chinês como uma estratégia para estimular a demanda e a inovação domésticas e promover maior autossuficiência em termos de tecnologia e recursos, permanecendo aberto ao comércio e investimento internacionais. A ênfase da China na circulação interna implica a necessidade de reconstruir a relação recíproca entre a indústria e a agricultura e estabelecer uma estrutura favorável de mobilidade urbano-rural.

Com a elevação dos padrões de vida, a demanda por carne, ovos e laticínios aumentou significativamente, trazendo um novo desafio: garantir um fornecimento estável de grãos para ração. A província de Heilongjiang é conhecida como o celeiro de grãos da China. Só em Heihe, há mais de 20 milhões de mu de área de produção de soja. A produção de soja da cidade em 2023 registrou 2,6 bilhões de kg, mantendo-se em primeiro lugar no ranking nacional, representando um sétimo do total nacional. Em 2023, a China importou 160 milhões de toneladas de grãos, dos quais a soja representa a maior parte. O fornecimento de soja da China é altamente dependente de importações, sendo de grande importância tornar a expansão do plantio de soja uma prioridade política. O governo apoiará a região nordeste no desenvolvimento de toda a cadeia industrial de processamento de soja e produtos agrícolas relacionados à soja. Em 2024, a produção de grãos da China atingiu um novo recorde: 706,5 milhões de toneladas, um aumento de 1,6% em relação ao ano anterior. A meta para 2030 é aumentar a produção de grãos em 55 milhões de toneladas. Em linha com essa meta, o atual Plano Agrícola Quinquenal da China pretende manter aproximadamente 117 milhões de hectares de terras agrícolas de grãos, atingir uma produção anual de grãos superior a 770 milhões de toneladas, inclusive com um esforço para aumentar a produção doméstica de soja para 23 milhões de toneladas em 2025.

Para atingir suas metas ambiciosas, a China está investindo pesadamente em inovação agrícola, particularmente por meio da biotecnologia e tecnologias digitais. A paisagem agrícola da China é caracterizada exclusivamente pela prevalência de pequenas fazendas familiares dispersas por todo o país, em vez dos grandes modelos de fazendas industriais de muitos países desenvolvidos. Embora esse modelo seja uma pedra angular da economia chinesa, fornecendo emprego a milhões, a natureza fragmentada das fazendas complica a disseminação de novas tecnologias agrícolas e dificulta a coordenação entre os agricultores e a padronização de práticas. Essas questões dificultam a produtividade e impedem os avanços em tecnologia e biotecnologia necessários para atender às crescentes demandas por alimentos. Embora os investimentos tecnológicos sejam essenciais, a China também deve fazer a transição dessa estrutura agrícola fragmentada para um setor mais eficiente e impulsionado pela tecnologia — uma transformação ainda em seus estágios iniciais e que deve ser alvo de atenção especial no próximo plano quinquenal.

Em 2023, foi lançado um plano emitido pelo Comitê Central do PCCh e pelo Conselho de Estado para alcançar progressos substanciais na revitalização rural geral e promover a modernização da agricultura e das áreas rurais para um novo estágio até 2027. Esse plano também engloba o aumento de renda dos agricultores, que era uma prioridade para o desenvolvimento agrícola do país. O país está intensificando os esforços para impulsionar a demanda doméstica, e os agricultores também são os principais impulsionadores do consumo. Nessa linha, em 2023, foi instituído um subsídio anual de 10 bilhões de yuans (US$ 1,38 bilhão) para aumentar a renda dos agricultores.

Outra estratégia para a manutenção da renda das zonas rurais é conferir papel fundamental às indústrias rurais, que possibilitam o alargamento da geração de empregos. O intuito principal das ações é que as indústrias rurais aproveitem os recursos regionais e as vantagens locais para a construção de parques industriais agrícolas modernos, cidades industriais agrícolas robustas, aglomerados industriais com vantagens características e parques de demonstração de tecnologia para o desenvolvimento integrado de indústrias rurais primária, secundária e terciária. Além de apoiar os pequenos produtores rurais, que representam mais de 90% dos produtores agrícolas do país, oferecendo crédito, subsídios, seguros e assistência técnica, a China também vem incentivando os agricultores a participar de cooperativas e associações, que facilitam o acesso a recursos, serviços e mercados. Existem mais de um milhão de cooperativas agrícolas na China, que envolvem cerca de 40% dos agricultores familiares. Essas cooperativas fornecem aos seus membros benefícios como economias de escala, redução de custos, aumento da renda, melhoria da qualidade dos produtos e fortalecimento da capacidade de negociação. As cooperativas também promovem a integração vertical da cadeia produtiva agrícola, estimulando atividades de processamento, armazenamento, transporte e comercialização dos seus produtos. Essa estratégia visa aumentar o valor agregado da produção agrícola, reduzir as perdas pós-colheita e melhorar a competitividade dos agricultores no mercado interno e externo.

Em 23 de outubro de 2024, o Ministério da Agricultura e Assuntos Rurais da China (MARA) lançou o "Plano de Ação para Agricultura Inteligente 2024-2028", com base no anterior, "Plano de Desenvolvimento de Digitalização Rural e Agrícola 2019-2025". Reconhecendo que a digitalização é essencial para alcançar a segurança alimentar e revitalizar as áreas rurais, o MARA e o governo chinês estão promovendo iniciativas estratégicas em agricultura inteligente. O plano de ação define três objetivos principais: aprimorar as capacidades dos serviços públicos em agricultura inteligente, expandir as aplicações em áreas críticas e liderar pelo exemplo para produzir resultados tangíveis e acessíveis. O objetivo é atingir uma taxa nacional de integração digital na produção agrícola superior a 32% até 2028.

Em 2024, o MARA lançou três ações principais focadas no aprimoramento da capacidade dos serviços públicos, na expansão das aplicações da agricultura inteligente e na promoção de melhores práticas, além de oito tarefas principais. Até 2026, será estabelecida a estrutura de serviços públicos para a agricultura inteligente, com soluções inteligentes para aumentar a produtividade agrícola e modelos de fazendas inteligentes para a pecuária e a pesca. Até 2028, a meta é estabelecer um caminho maduro de transformação digital, alcançando uma taxa de integração digital na produção agrícola acima de 32%. O plano prossegue com a construção de uma plataforma nacional de Big Data agrícola e rural, incorporando padrões de classificação de dados, um catálogo de dados compartilhado e o "Código de Todos os Agricultores" para a codificação unificada de recursos e produtos agrícolas. O MARA atualizará a plataforma móvel "Agricultural Direct" para expandir os serviços agrícolas digitais. Até 2025, serão estabelecidos os sistemas e padrões fundamentais de gestão de dados, com uma plataforma nacional de Big Data totalmente funcional, colaborativa e eficaz pronta até 2028. O MARA prevê o desenvolvimento de algoritmos de modelos básicos com direitos de propriedade intelectual independentes para o crescimento de culturas, o monitoramento do comportamento animal, a tomada de decisões de produção e outras aplicações. Isso inclui ferramentas baseadas em nuvem, como *softwares* inteligentes de reprodução e gestão agrícola. Grandes modelos de IA serão aplicados à pesquisa, produção e gestão agrícola. Até 2026, uma biblioteca de modelos e uma plataforma aberta estarão disponíveis, com mais de 20 algoritmos de modelos básicos de *software* no qual um provedor em nuvem hospede aplicativos e os disponibiliza pela internet até 2028.

A produção e as operações agrícolas modernas incluem não apenas a geração de produtos agrícolas, mas também a criação de toda uma cadeia industrial agrícola com alto grau de integração entre as indústrias primária, secundária e terciária, e a construção de um sistema industrial agrícola moderno. Nos últimos anos, a China está criando um sistema nacional eficiente de coleta, análise, avaliação, categorização, transmissão e armazenamento de informações, conectando múltiplas partes interessadas agrícolas, como agricultores, empresas de processamento bruto em áreas de produção, empresas de processamento profundo, o setor de transporte, operadores de vendas, prestadores de serviços pós-venda e o setor financeiro, visando integrar tarefas tão complexas num sistema operacional multifacetado e interligado de ferramentas inteligentes.

# 3. A revolução da agricultura inteligente na China

O modelo agrícola da China é bem diferente daquele dos países ocidentais. Existem poucas grandes extensões de terras agrícolas na China, e cada região tem suas próprias características em termos de agricultura. A China é uma grande nação com 34 regiões administrativas de nível provincial. Cada área trata a indústria agrícola de forma diferente e tem diferenças significativas em insumos e na adoção de tecnologia agrícola devido às suas diferentes bases agrícolas e dotações de recursos.

Embora a China seja o terceiro maior país do mundo em área territorial (9,7 milhões de quilômetros quadrados), ocupa a 131ª posição em termos de terra arável *per capita*, com menos de um décimo de hectare por pessoa. De modo geral, as regiões costeiras orientais têm uma taxa maior de adoção de tecnologia agrícola e são mais abertas a novas tecnologias. Em contraste, as áreas do interior com infraestrutura precária ainda estão com limitações de instalações de hardware e recursos financeiros. A maioria das práticas de produção agrícola ocorre entre pequenos produtores agrícolas familiares devido à topografia e à política fundiária da China, exceto no nordeste da China, em Xinjiang e nas planícies centrais e orientais da China, que têm condições de produção agrícola concentrada e contínua em grande escala.

A geografia da China consiste em três escalas principais: a primeira, com mais de 4.000 metros acima do nível do mar, concentrando-se principalmente nas altas montanhas do planalto Qinghai-Tibete; a segunda, com cerca de 2.000 metros acima do nível do mar, abrangendo Xinjiang e parte da Mongólia Interior; e a terceira, com cerca de 500 metros acima do nível do mar, concentrando-se principalmente na parte oriental da China, que também é a área mais populosa do país. Devido à sua vasta extensão territorial, o clima na China também é muito diverso, variando do clima tropical no sul ao clima subártico no norte. Como resultado, a agricultura também é muito diversificada, em termos tanto de tipos de cultivo quanto de ciclos de maturação. Em diferentes regiões da China, existem diferentes padrões e ciclos de maturação com base no clima, nos tipos de solo e nos tipos de cultivo.

A China é dividida em três zonas de cultivo, incluindo 11 regiões primárias e 41 regiões secundárias. Geralmente, as zonas 1 a 5 representam as principais áreas de cultivo único na China, estendendo-se da Planície Nordeste ao Planalto Qinghai-Tibet, localizadas principalmente nas regiões ocidentais de alta altitude e nas áreas frias do nordeste. As zonas 6 a 8 são as principais áreas de cultivo duplo na China. A zona 6 é a Planície de Huanghuaihai, que se concentra principalmente no cultivo duplo de trigo de inverno e milho de verão. A zona 7, dominada pelas áreas montanhosas e acidentadas do sudoeste, tem topografia complexa e menores níveis de mecanização. A zona 8 é a Bacia de Sichuan, apresentando condições de recursos superiores e características de plantio nas planícies do sul. As zonas 9 a 11 representam as principais áreas de cultivo triplo na China. A zona 9, na parte norte, envolve principalmente a rotação de arroz e trigo, enquanto a parte sul se concentra principalmente no cultivo de arroz de dupla estação e é a região de produção de arroz mais importante da China. A Zona 10 abrange as montanhas do sul e as áreas costeiras montanhosas de Zhejiang e Fujian, caracterizadas por terrenos fragmentados e níveis relativamente baixos de mecanização, com desenvolvimento agrícola relativamente atrasado. A Zona 11 é a principal área de produção de culturas tropicais na China, com uma rica variedade de culturas, como arroz, cana-de-açúcar, borracha, frutas e vegetais.

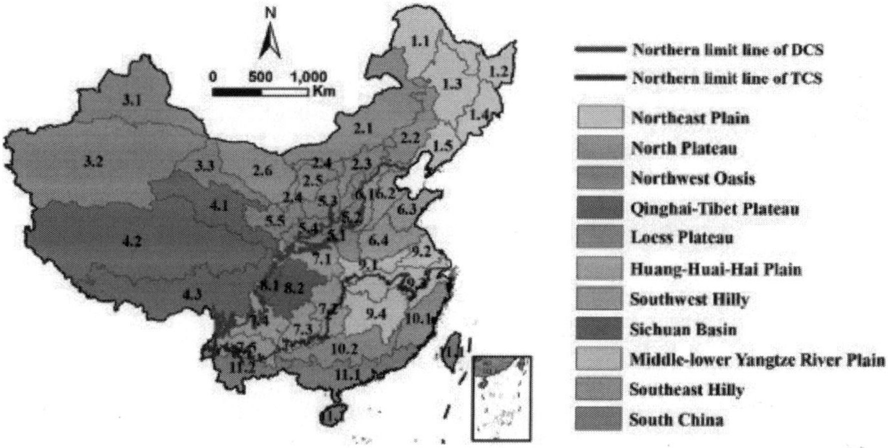


*Figura 1 – Regiões da China*

Yan e Chen (2015) observam na China a formação de uma estrutura corporativa composta de três camadas de empresas do agronegócio e mais uma quarta camada não oligopolista de pequenos e médios empreendimentos agrícolas.

Na primeira camada estão as empresas estatais centrais diretamente controladas pela State-owned Assets Supervision and Administration Commission of the State Council (SASAC). Entre os 96 conglomerados empresariais administrados pela SASAC (cujo valor total dos ativos é estimado em US$ 30 trilhões) estão quatro gigantes do agronegócio: China Grain

Reserves Corporation Group Ltd. (Sinograin), China National Agricultural Development Group Corporation (CNADC), China National Chemical Corporation (ChemChina) e China Oil and Foodstuffs Corporation (COFCO). A Sinograin foi criada em 2000 para administrar e operar as reservas de grãos e óleos comestíveis no país inteiro. Ela possui 23 filiais, seis subsidiárias e um instituto de pesquisa. A companhia implementa as políticas de preços mínimos, aquisições, armazenamento e formação de estoques. Cerca de 40% do comércio e 75% dos estoques de grãos estão sob a administração da Sinograin. Isso demonstra o papel estratégico da estatal na regulação do mercado de grãos e na governança da segurança alimentar nacional. A CNADC foi fundada em 2004 a partir da reestruturação e fusão da China National Fisheries Corporation com a China Animal Husbandry Corporation. Seu mandato é salvaguardar o fornecimento externo de proteína animal do país. A CNADC é a maior distribuidora de produtos biológicos veterinários e a principal importadora de carnes de gado, porco e aves da China. Por meio de fusões e aquisições domésticas e de expansão internacional, a estatal está a caminho de se tornar um *player* global do agronegócio de alta tecnologia e grande escala (Zhang, H., 2019).

A ChemChina, criada em 2004, assumiu, em 2018, a 211ª posição no ranking da Fortune 500. É a maior fabricante de pesticidas não patenteados, herbicidas, inseticidas, bactericidas e reguladores de crescimento vegetal, com mais de 6.000 marcas registradas em 120 países. Em 2016, a ChemChina adquiriu a suíça Syngenta, por US$ 44 bilhões, com financiamento do Bank of China (41%), CITIC AgriFund (28%), HSBC (15%), Morgan Stanley (4,6%) e capital próprio (11,4%), passando a controlar 8% do mercado de sementes e 20% do mercado de pesticidas. Isso aconteceu no bojo de um processo de concentração e consolidação corporativa global, com a aquisição da Monsanto pela Bayer (29% do mercado de sementes e 26% do de pesticidas) e a fusão entre Dow e Dupont (25% do mercado de sementes e 16% do de pesticidas). Em 2017, o CITIC AgriFund comprou o negócio de milho da Dow AgroScience no Brasil. Em 2018, a ChemChina adquiriu a divisão de sementes da Nidera da COFCO e, em 2020, fundiu ativos com Sinochem, trazendo junto a israelense Adama. Essas e outras aquisições garantiram à ChemChina direitos de propriedade intelectual, recursos de germoplasma, insumos agroquímicos, bases de produção e uma rede de distribuição global, avalizando a sua ambição de tornar-se líder mundial no mercado de sementes (Gaudreau, 2019).

Fundada em 1949 como comercializadora nacional de grãos e óleos, na década de 1990, a COFCO atravessou reformas societárias e tornou-se um conglomerado voltado para o mercado com operações diversificadas, principalmente trading, logística, processamento, produção e serviços técnicos e financeiros. De 2004 a 2016, fundiu e adquiriu 15 empresas nacionais e internacionais de diversos segmentos. Suas operações nos mercados agrícolas globais não apenas permitem lucrar com as commodities, mas também garantem o controle estratégico sobre os recursos para o consumo doméstico. Ademais, esse tipo de expansão representa uma forma eficiente de exportar capital, funcionando como válvula de escape para o excesso de capacidade industrial e a sobreacumulação existente na China. Em 2014, a COFCO International Corporation (CIL) foi constituída, com 48% das suas ações detidas pela COFCO matriz e 12% pelo CIC (Fundo Soberano Chinês), enquanto o Standard Chartered, de Londres, o fundo estatal de Cingapura, Temasek, a HOPU Investments, de Hong Kong, e a International Finance Corporation (IFC), do Banco Mundial, detêm 40% das ações. Isso permitiu à COFCO adquirir a Noble Agri e a Nidera, a ter negócios em 140 países e a obter 50% de todas as suas receitas no exterior.

Na segunda camada estão as fazendas estatais, cujas origens remontam à era de Yan'an (1935-1948) do PCCh, antes da fundação da RPC, e à sua adoção em toda a China após 1949, especialmente nas regiões fronteiriças. Depois da descoletivização, as fazendas estatais passavam por altos e baixos. Porém, nos últimos anos, como os líderes chineses estão determinados a alcançar a modernização da agricultura por meio do aumento das escalas de produção, o tamanho maior das fazendas estatais é visto como uma vantagem. São atualmente 1.785 fazendas estatais, com 2,8 milhões de famílias empregadas e 612 milhões de hectares de terras agrícolas. Existem três categorias de fazendas estatais: a primeira é a Xinjiang Production and Construction Corporation, uma instituição militarizada administrada pelo governo central e subordinada ao governo da Região Autônoma Uigur de Xinjiang; a segunda são as fazendas centrais Beidahuang e Guangdong, subordinadas ao Ministério da Agricultura e aos governos provinciais; e a terceira são as fazendas locais, administradas por governos de províncias, municípios ou condados. O governo central e os governos locais têm incentivado as fazendas estatais a formar corporações de agronegócio verticalmente integradas — por exemplo, Beidahuang Group, Bright Food, Guangdong Nongken Group e Haiken Group, entre outras — com o propósito de vir a competir no mercado global de alimentos (Zhang, 2019).

Na terceira camada estão as "empresas cabeça de dragão" (Dragon Head Entreprises — DHEs). O título de DHE, concedido a partir da certificação de um conjunto de critérios operacionais e financeiros, outorga a firmas privadas o direito de se beneficiar de programas oficiais de créditos, subsídios e isenções e confere confiabilidade e reputação no mercado. As DHEs atuam fortemente no processamento e distribuição de produtos de alto valor agregado mirando o consumidor final e controlam o acesso à matéria prima via integração vertical e sistemas de contrato com os produtores rurais (nos esquemas "empresa + famílias", "empresa + base de produção própria + famílias" e "empresa + cooperativa + famílias"). Em 2016, havia 130 mil DHEs registradas, integrando mais de 110 milhões de agricultores, respondendo por 60% da área cultivada, 70% da produção pecuária (suínos e frango) e 80% da aquicultura e abastecendo 1/3 dos alimentos processados e 2/3 da cesta básica nas grandes cidades (Zhan, 2019). Na indústria de carne suína, entre as dez maiores empresas em volume de vendas, 60% da criação, 80% do abate, 90% do processamento, 80% das marcas de varejo e 50% da fabricação de rações são controladas por DHEs. A Shanghui, que em 2013 adquiriu a americana Smithfield, mudou seu nome para WH Group e se tornou o maior processador e distribuidor de carne suína do mundo, com Jinluo e Yurun, sendo as principais DHEs no negócio (Schneider, 2017). Na lista das 100 maiores firmas de ração do mundo, 21 são DHEs chinesas, das quais oito estão entre as 20 maiores, respondendo por 31% da produção total. Três delas — New Hope, Wen's e Muyuan — ocupam a segunda, a quinta e a sexta posição na lista (Fares, 2021).

Existe ainda uma quarta camada não oligopolista, formada por empresas privadas e cooperativas. Enquanto as DHEs são firmas industriais e comerciais que integram produtores independentes à sua cadeia de valor via sistemas de contrato, as "empresas agropecuárias especializadas" alugam o direito de uso da terra das famílias camponesas, por meio de contratos de transferências de terra, e organizam a produção de forma capitalista, com base em escalas ampliadas, trabalho assalariado e novas tecnologias e métodos de gestão. Às vezes, as famílias fundem seus direitos de uso em ações de uma empresa que opera em suas terras e recebem os devidos dividendos, podendo, porventura, ter algum membro empregado nela (Zhang, 2019).

## 3.1. Mecanização agrícola

Com o estabelecimento da RPC, em 1949, o PCCh liderado pelo presidente Mao substituiu o sistema feudal de propriedade da terra pela coletivização, um tipo de sistema de produção agrícola no qual vários agricultores estariam envolvidos em propriedades como uma empresa conjunta. Durante o primeiro plano quinquenal (1953-1957), foi formado um conjunto completo de sistemas de serviços de suporte de máquinas agrícolas do nível central ao local e os camponeses foram mobilizados para participar ativamente da aplicação de máquinas agrícolas. No início da década de 1950, a China era uma aliada próxima da União Soviética e aceitava o modelo econômico soviético, incluindo a propriedade estatal de bens de capital, como matérias-primas, instalações, máquinas e ferramentas usadas na produção de bens e serviços, fazendas coletivas e manufatura industrial estatal. No entanto, o sistema econômico planejado centralmente administrou as fazendas mecanizadas estatais e as estações de tratores muitas vezes em contradição com a produção e gestão da economia camponesa coletiva. Em 1958, o estado decidiu eliminar o sistema operacional centralizado das estações de tratores estatais e adotou um sistema descentralizado para distribuir as tarefas e responsabilidades às comunas populares. Em 1960, quase todas as estações de tratores foram transformadas em estações de tratores de comunas populares. No entanto, devido a uma base econômica fraca, muitas comunas não conseguiram atingir níveis de produção em larga escala.

No final da década de 1970, a China inicia uma série de reformas no campo, começando pelo desmantelamento do sistema de terras comunais e pela substituição pelo sistema de responsabilidade familiar, disseminando terras agrícolas para os agricultores com base em um princípio igualitário, resultando em milhões de pequenos agricultores com lotes pequenos e fragmentados. A produção e a distribuição de máquinas agrícolas foram institucionalizadas. Muitas novas indústrias nacionais de máquinas agrícolas foram estabelecidas. Todo município passou a ter que criar uma empresa municipal de tratores. A indústria de máquinas agrícolas foi liberalizada e os agricultores começaram a usar máquinas agrícolas de forma independente. O estado reduziu e, às vezes, isentou os impostos e subsídios de instalação para empresas de máquinas agrícolas para sustentar sua produção. O estado providenciou o fornecimento de milhões de galões de óleo diesel barato para áreas rurais todos os anos para reduzir o custo para os agricultores e incentivar o uso de máquinas agrícolas. Além disso, o Estado continuou a administrar o sistema financeiro sob uma economia planejada para fornecer máquinas agrícolas para áreas rurais a um preço mais baixo. Estima-se que, desde então, o agricultor tem subsídio de 70% no valor das máquinas.

A partir de 1978, a China começou importar tratores de empresas dos EUA, como da John Deere, Case e New Holland, bem como de japonesas como a Hitachi. A intenção do governo chinês era alavancar a produção interna e, para isso, incentivou também a importação de tecnologia. A estratégia de modernização da indústria chinesa de máquinas agrícolas se apoiou na formação de joint ventures com grandes multinacionais estrangeiras desse setor. Em 1978, a empresa estatal First Tractor firmou uma parceria na qual recebeu tecnologia da União das Repúblicas Socialistas Soviéticas (URSS) para produzir tratores. A empresa Shenyang, Tianjin & Changchun, em 1983, recebeu tecnologia da estadunidense John Deere para fabricar tratores de médio e grande porte. Em 1984, a Xingtai Tractor Fact recebeu tecnologia da empresa italiana Goldoni para fabricar tratores pequenos. Em 1986, a First & Shanghai Tractor Co. firmou parceria com a italiana Fiat para fabricar tratores de rodas. Nesse mesmo ano a Harbin Tractor

Works recebeu tecnologia da estadunidense Caterpillar para fabricar tratores florestais e a empresa Shandong Tract. Co. recebeu tecnologia da alemã Deutz. Em 1994, foi criada a Yarman Agricultural Machinery Co. Ltd, derivada de uma parceria com a Yarman Farm Machinery Co. do Japão para produzir colheitadeiras de arroz. Em 1997, foi criada a Deere-Jiamusi Combine Harvester Co. Ltd, uma parceria entre a chinesa Jiamusi Combine Factory e a John Deere dos EUA, também para fabricar colheitadeiras. Da mesma forma, em 1998, surge a Kubota Agricult. Machinery Co., para fabricar colheitadeiras de arroz. Um ano mais tarde, nasceu a Harbin-New Holland Beidahuang Tractor Co. Lts, em parceria com a New Holland dos EUA para fabricar tratores de 100 a 180 HP. Em 2000, surgiu a Deere-Tianjin Tractor Co Ltd, resultado da parceria da Tianjin Tractor Plant com a John Deere para fabricar tratores de 80 a 130 HP. Em 2001, surgiu a joint venture Shanghai-New Holland Farm Machinery Co Ltd, decorrente da união da Shanghai Tractor Co. com a New Holland para produzir tratores abaixo de 100 HP na China.

Durante as décadas de 1980 e 1990, o setor industrial nas áreas urbanas e costeiras apresentou um rápido crescimento, com aumento dos salários reais e uma quantidade significativa de mão de obra rural migrando para empregos não agrícolas. Com a transferência de grandes quantidades de mão de obra rural para as áreas urbanas e costeiras industrializadas para melhores oportunidades de emprego, a demanda por máquinas agrícolas teve grande expansão no campo. E a mecanização da agricultura em pequena escala passou a impulsionar a economia dos pequenos agricultores, proporcionando um aumento substancial em sua renda, reduzindo o custo de produção, acelerando e qualificando a operação agrícola e, assim, aumentando os rendimentos. A rápida aplicação de máquinas agrícolas liberou os agricultores para se transferirem para indústrias rurais fora da fazenda, gerando um aumento nos salários não agrícolas. A mecanização agrícola permitiu que os agricultores em empregos fora da fazenda sustentassem suas famílias em áreas rurais. Pequenos agricultores também passaram a ganhar uma renda com o aluguel de suas máquinas agrícolas.

Em 2004, a China formulou sua lei de mecanização. Essa lei estabeleceu uma base legal tornando possível uma implementação total da mecanização para a produção de grãos. Seu principal objetivo era pressionar fazendeiros, produtores agrícolas e organizações de operações a utilizar máquinas agrícolas avançadas. A lei declarou os procedimentos e medidas necessários para o governo em sua implementação de políticas de mecanização para a produção, inspeção, fornecimento, serviço pós-venda e utilização conjunta de máquinas agrícolas, definindo as tarefas e deveres do governo nacional, dos governos provinciais, instituições de pesquisa, produtores de máquinas agrícolas, provedores de serviços e governos locais. A lei introduziu oficialmente uma política de subsídio direto de máquinas agrícolas para agricultores, organizações de operações agrícolas e instituições financeiras para comprar máquinas agrícolas avançadas. Vários subsídios de mecanização foram promulgados para apoiar a distribuição, produção, marketing, inspeção, serviço pós-venda e treinamento do usuário final para máquinas agrícolas. O estabelecimento de serviços de aluguel de máquinas agrícolas, iniciados pela primeira vez em 2004, passou a oferecer aos pequenos agricultores acesso a máquinas agrícolas a custos razoáveis, e os provedores de serviços de máquinas agrícolas são cooperativas agrícolas, empresas e agentes especiais que alugam máquinas de aração, semeadoras e colheitadeiras para pequenos agricultores. Desde então, a China alcançou grandes melhorias na produtividade agrícola em termos de produção, condições e rendimentos, melhorando a rápida absorção de máquinas agrícolas para substituir a migração de trabalhadores agrícolas jovens e qualificados além de praticamente acabar com a pobreza rural.

A mecanização agrícola aumentou a produtividade ao proporcionar o uso mais eficiente de insumos agrícolas, como terra, água, fertilizantes, herbicidas e pesticidas, induzindo precisão e pontualidade na aplicação. O índice de mecanização também aumentou a variabilidade das safras e, com o avanço da pontualidade das operações agrícolas, a mecanização pode calcular a sazonalidade precisa das safras, aumentando a utilização da terra e o nível de cultivo. E o nível de produtos agrícolas verdes, de alta qualidade e de marca passou a ser continuamente melhorado, com a diminuição da aplicação de fertilizantes químicos e pesticidas.

A agricultura da China é predominantemente de pequena escala, mas isso não leva necessariamente a uma menor eficiência ou eficácia de sua produção agrícola. A China alimenta 22% da população mundial usando apenas 7% de suas terras agrícolas, sendo o maior produtor de grãos do planeta. O nível de mecanização abrangente do cultivo e da colheita de safras na China aumentou de 32% em 2000 para 68% em 2020, dobrando em duas décadas. A taxa de mecanização do cultivo e colheita das principais culturas excede 70%, e mais de 80% nas principais culturas de grãos. A taxa de lavoura mecânica, taxa de semeadura mecânica e taxa de colheita mecânica estão em 84%, 56% e 61%, respectivamente. Atualmente, cerca de 87% da agricultura camponesa na China tem mecanização. E planeja-se atingir um nível de mecanização abrangente completo (100%) do cultivo de diversas safras já nos próximos anos.

O poder total das máquinas agrícolas na China era de apenas 184,000 kw em 1952, 117,5 milhões de kw em 1978 e 1,06 bilhões de kw em 2021. A indústria de máquinas agrícolas na China tem crescido constantemente nos últimos anos, com mais de 10.000 empresas de fabricação e 20.000 de distribuição, muitas voltadas ao pequeno produtor. Um sistema operacional abrangente foi estabelecido, cobrindo fabricação, componentes, peças, vendas e serviços. Ocorre o fortalecimento dos grandes grupos nacionais, inclusive a partir da formação de conglomerados controlados diretamente pelo governo central. E, nessas condições, as empresas chinesas têm conseguido controlar o seu mercado interno de tratores, colheitadeiras e outros equipamentos para a agricultura, além de passar a ser uma potência exportadora de diversas máquinas agrícolas.

A China está tentando mecanizar completamente a cadeia geral de produção agrícola, do pequeno ao grande. Trata-se de um processo complexo e ainda ocorrem irregularidades na cadeia de produção agrícola. O nível de mecanização no estágio de produção tem sido muito maior do que nos estágios de pré e pós-produção. Além disso, o nível de mecanização é desigual entre as regiões, sendo compreensivelmente maior nas regiões economicamente mais desenvolvidas do que nas áreas economicamente menos desenvolvidas (isso é, maior no sudeste do que no oeste da China), nos tipos de culturas (sendo maior no arroz do que no trigo e no milho) e nas práticas agrícolas (em que a aplicação de máquinas agrícolas na lavoura é muito maior do que na colheita e processamento). Apesar de desiquilíbrios, nas últimas seis décadas, a China obteve incontestáveis avanços na mecanização rural, sendo uma ferramenta fundamental e um objetivo estratégico para a construção de um sistema agrícola socialista moderno no país.

Com base na experiência chinesa, os países em desenvolvimento nos estágios iniciais de mecanização com um grande número de pequenos agricultores (como o Brasil que não chega a 13% de mecanização da agricultura familiar) podem extrair algumas lições fundamentais sobre a mecanização da agricultura de pequena escala. Diversos países no Sul Global com agricultura de pequena escala ainda não exploraram o potencial da mecanização, principalmente devido a uma interpretação errônea de que apenas a mecanização em larga escala oferece benefícios. A mecanização é frequentemente vista como indigna na agricultura de pequena escala. Há uma perspectiva comumente aceita de que máquinas agrícolas são adequadas apenas para terras agrícolas de grande escala, impedindo que pequenos agricultores se beneficiem da mecanização. Dessa forma, a probabilidade de possuir máquinas agrícolas está conectada ao tamanho das terras agrícolas. E, para tornar a situação mais difícil, os pequenos agricultores em países em desenvolvimento estão na extremidade inferior da escala econômica, frequentemente atingidos pela pobreza crônica e sua menor eficiência de produção resulta em menores rendas.

É preciso ter uma teoria de mecanização apropriada na agricultura de pequena escala. Máquinas agrícolas adequadas às condições locais, como o tamanho da terra, a inclinação da terra, características do solo, tipo de cultura ou com uma relação custo-eficácia para os agricultores influenciarão a decisão de adotar máquinas na agricultura de pequena escala. A escala da mecanização depende principalmente da escala das terras agrícolas: máquinas grandes para grandes fazendas e máquinas pequenas para pequenas fazendas. Otimizar a escala da máquina e da terra é uma das tarefas críticas no esforço para obter o melhor da mecanização, sendo uma das falhas mais críticas da mecanização na maioria dos países em desenvolvimento, devido a um equívoco de que as máquinas agrícolas só são lucrativas em grande escala.

É preciso enfatizar que a mecanização agrícola da agricultura de pequena escala é a chave para reduzir a desnutrição, a subnutrição e a fome. Em primeiro lugar, o desenvolvimento da mecanização deve se basear em um sistema de autossuficiência. O estabelecimento de uma indústria de fabricação de máquinas agrícolas locais deve ser a prioridade para o desenvolvimento da mecanização, em especial máquinas compactas. Os governos precisam encorajar os fabricantes locais por meio de vários incentivos. Em segundo lugar, as cooperativas de serviços agrícolas que alugam máquinas representam um modelo adequado que permite que pequenos agricultores acessem máquinas para suas necessidades a um preço razoável. Leis, políticas de subsídios e incentivos de serviços de aluguel de máquinas agrícolas são todos mecanismos eficazes para aumentar a acessibilidade de máquinas agrícolas para pequenos agricultores. Em terceiro lugar, instituições de treinamento, como universidades, devem trabalhar em estreita colaboração com os agricultores, os formuladores de políticas e outras partes interessadas para facilitar uma rápida introdução de máquinas agrícolas. Essas lições podem ser adaptadas e aplicadas em outros contextos, contribuindo para o desenvolvimento da agricultura familiar e de pequena escala em diferentes regiões.

Apesar de muitos defenderem que o benefício total da mecanização pode ser obtido apenas aplicando-a à agricultura em larga escala, vemos que a China realiza uma mecanização bem-sucedida na agricultura em pequena escala por meio da aplicação de políticas, estratégias e medidas de incentivo.

## 3.2. Culturas múltiplas

A China é o país com o desenvolvimento mais extenso de culturas múltiplas em todo o mundo, com uma longa história. As culturas múltiplas desempenham um papel insubstituível no alívio da contradição entre mais pessoas e menos terra, garantindo a segurança alimentar nacional e aumentando a eficiência agrícola e a renda do agricultor. No entanto, as culturas múltiplas tradicionais da China precisam se adaptar à exigência de mecanização, alta eficiência e padronização devido ao rápido desenvolvimento da economia rural.

Cultivo múltiplo geralmente significa o método de cultivo em que duas ou mais culturas são plantadas no mesmo campo sequencial ou simultaneamente dentro de um ano. Doze por cento das terras agrícolas são multicultivadas em todo o mundo, localizadas principalmente nas regiões tropicais e subtropicais, e a expansão do cultivo múltiplo tem sido um dos importantes impulsionadores do aumento da produtividade desde 1960, o que é particularmente prevalente no cultivo de arroz em cerca de 34%. O Leste Asiático e o Sul da Ásia são as regiões com o cultivo múltiplo mais difundido no mundo, respondendo por 32,8% e 28,1% do cultivo múltiplo mundial, respectivamente.

Além disso, o cultivo múltiplo também é cada vez mais popular nos países europeus, por exemplo, a iniciativa holandesa "Fazenda do Futuro" dá atenção especial ao cultivo múltiplo. O cultivo múltiplo se destaca como um modelo crucial de produção agrícola na China, abrangendo aproximadamente 50% do total de terras cultivadas. Representa cerca de 67% da área total semeada e contribui para aproximadamente 75% da produção agrícola total, garantindo a posição da China com a maior área de cultivo múltiplo globalmente. O cultivo múltiplo compreende principalmente rotações de culturas, cultivos intercalados, cultivos de revezamento e cultivos mistos, o que poderia maximizar a utilização dos recursos de terra e calor solar, aumentar a eficiência do uso da terra, a eficiência da utilização dos recursos climáticos e a biodiversidade, promovendo assim a produção coordenada de alimentos e forragens . Essa abordagem tem sido amplamente reconhecida no aumento da produtividade das culturas, facilitando o desenvolvimento agrícola diversificado e desempenhando um papel crucial na obtenção da produção intensiva de culturas tanto no tempo quanto no espaço. Essa abordagem desempenhou um papel significativo no fomento de colheitas abundantes de grãos, aumentando a eficiência agrícola e a renda dos agricultores em toda a China (Chen; Zhang, 2021).

Nas últimas décadas, o processo de cultivo múltiplo na China pode ser dividido da seguinte forma:

- **Estágio de rápido desenvolvimento (1949-1978)**: o cultivo múltiplo foi amplamente implementado para aumentar a produção de grãos desde 1949. Durante esse estágio, o arroz de estação única foi substituído pelo arroz de estação dupla, e o arroz de estação dupla foi posteriormente substituído pelo arroz de estação tripla no sul da China. Uma única cultura por ano foi alterada para duas ou três culturas por ano no norte da China. Enquanto isso, houve uma promoção vigorosa do cultivo intercalar por duas ou três estações por ano no sudoeste da China. Durante esse período, o índice médio de cultivo múltiplo da China se aproximou de 150%, o que aumentou em 20% em comparação ao ano de 1949.
- **Estágio de desenvolvimento diversificado (1979-1997):** o cultivo múltiplo mostrou uma ênfase dupla tanto no benefício econômico quanto na produtividade de grãos desde a reforma e abertura, levando a uma ligeira redução na área total de plantio de grãos . Ao mesmo tempo, houve avanços rápidos em tecnologias de alto rendimento, como "campo de grãos de toneladas" (rendimento de 15 toneladas por hectare) e "campos de rendimento duplo de mil (15.000 CNY e 15 toneladas por hectare)". A produção geral de grãos continuou a aumentar mesmo com a diminuição da área de plantio durante o período. O desenvolvimento do cultivo múltiplo variou com base nas condições locais, e os padrões de cultivo múltiplo altamente diversificados e variados surgiram durante este período. O índice de cultivo múltiplo inicialmente declinou e depois aumentou finalmente em 15% em comparação com o período anterior.
- **Estágio de desenvolvimento em ascensão constante (2005-presente):** desde a implementação do plano de produção de grãos de alto rendimento na China, a área de

plantio e a produção total de safras de grãos continuaram a aumentar devido aos avanços nas tecnologias de alto rendimento. Durante esse período, o desenvolvimento do cultivo múltiplo da China permaneceu relativamente estável. Aproximadamente metade das terras aráveis da China era dedicada ao cultivo múltiplo, cobrindo cerca de dois terços da área total semeada e contribuindo para cerca de três quartos da produção agrícola total. O cultivo múltiplo da China vem se adaptando às demandas de mecanização, à escala e à conservação de recursos de maneira ambientalmente correta. O índice de cultivo múltiplo permaneceu relativamente estável, com o valor em torno de 120%.

O cultivo múltiplo da China tem sido distribuído principalmente nas regiões temperadas quentes, subtropicais úmidas e semiúmidas. A Planície de Huanghuaihai e as regiões de cultivo múltiplo do sul enfatizam principalmente a rotação de culturas envolvendo cultivos múltiplos por ano. Nas regiões áridas e montanhosas do sudoeste, o cultivo múltiplo é caracterizado principalmente pelo cultivo intercalar e cultivo em revezamento. Nos últimos anos, a região noroeste tem visto o desenvolvimento e a expansão contínuos dos padrões de cultivo intercalar de trigo e milho (trigo-milho) e milho-soja, o padrão de cultivo intercalar milho-amendoim também ganhou uma certa escala no nordeste da China.

A Planície de Huanghuaihai é uma importante região de cultivo duplo, e o cultivo múltiplo nessa área se desenvolveu rapidamente desde 1949. O cultivo de trigo e milho (trigo/milho) e o cultivo de trigo/algodão foram os principais sistemas de cultivo duplo na região durante o período de 1949 a 1997, com áreas significativas também dedicadas ao cultivo de trigo/amendoim e ao cultivo duplo de trigo e soja. De 1998 até o presente, o cultivo duplo de trigo e milho tornou-se predominantemente dominante, enquanto o cultivo duplo de trigo e soja apresentou uma tendência de declínio.

A região montanhosa do sudoeste é uma importante área de cultivo múltiplo, com consórcio e revezamento. De 1949 a 1978, o cultivo de trigo/milho e batata-doce foi o padrão de cultivo múltiplo em terras áridas mais representativo nesta região. De 1979 a 2004, a área de cultivo de trigo/milho e batata-doce expandiu-se na Região Árida das Colinas do Sudoeste e na Bacia de Sichuan. Desde 2005, a área de consórcio de três culturas em terras áridas diminuiu, e o padrão predominante mudou para o cultivo duplo de milho e soja semimecanizados.

O sul da China é a área mais ativa para o cultivo múltiplo da China. Durante o período de 1949 a 1978, os principais padrões de cultivo múltiplo nesta região foram arroz de três estações, arroz-colza e arroz-trigo. De 1979 a 1997, houve mudanças significativas no cultivo múltiplo com uma diminuição na área de arroz de três estações, um aumento na área de arroz de duas estações, e as áreas de arroz-colza e arroz-trigo foram mantidas. De 1998 até o presente, a área de arroz de três estações por ano diminuiu ainda mais, a área de arroz de duas estações diminuiu e a área de arroz de uma estação aumentou. Arroz-trigo, arroz-colza e vegetais-arroz-vegetais tornaram-se os principais padrões nesta região

O cultivo múltiplo moderno deve estar alinhado com os requisitos para uma produção agrícola simplificada, mecanizada, eficiente e padronizada. Há uma necessidade particular de avanços na integração inteligente de técnicas e máquinas agrícolas para garantir melhorias sincronizadas na produtividade da terra, eficiência na utilização de recursos e produtividade da mão de obra. É crucial atender aos requisitos para um desenvolvimento verde e de baixo carbono para enfrentar os desafios impostos pelas mudanças climáticas . No futuro, o cultivo múltiplo exigirá o aproveitamento dos avanços biotecnológicos modernos para estabelecer novas variedades de culturas e padrões de combinação. Isso envolve a integração de várias tecnologias, como a otimização de variedades, padrões de plantio, ajustes de época de semeadura e regulamentações químicas para alcançar a utilização eficiente dos recursos de luz, calor e água, ao mesmo tempo que se explora o alto potencial de produtividade das culturas. Simultaneamente, é necessário alavancar a tecnologia da informação e equipamentos inteligentes para alcançar a mecanização completa nos processos de cultivo, semeadura, manejo e colheita. Essa integração facilita o controle preciso e a utilização eficiente de insumos como água, fertilizantes e pesticidas.

## 3.3. O papel da academia chinesa de ciências agrícolas (CAAS)

Após a morte de Mao Zedong em 1976, a liderança chinesa envolveu-se em disputas internas de poder e debates sobre a direção do país, que culminaram em 1978 com a ascensão de Deng Xiaoping e a declaração das Quatro Modernizações como política de Estado da China. Naquele ano, a biotecnologia foi mencionada pela primeira vez como ponto focal do programa de desenvolvimento científico e tecnológico do país. Durante o Sexto Plano Quinquenal (1981-1985), foram alocados fundos para apoiar a pesquisa em biotecnologia nas áreas de agricultura, processamento de alimentos e produção farmacêutica; e, em 1983, o Centro Nacional de Desenvolvimento da Biotecnologia da China (CNCBD) foi estabelecido para coordenar essas atividades. Durante o Sétimo Plano Quinquenal (1986-1990), o nível e o escopo do financiamento da biotecnologia foram significativamente ampliados. Em março de 1986, o Grupo Líder de Ciência e Tecnologia do Conselho de Estado publicou um documento crucial, frequentemente chamado de "Plano 863", descrevendo o programa de desenvolvimento de alta tecnologia da China e tornando a biotecnologia sua principal prioridade. No mesmo ano, a Fundação Nacional de Ciências Naturais da China (NSFC) foi fundada para apoiar a pesquisa básica. Em 1988, a Comissão Estatal de Ciência e Tecnologia (SSTC) publicou seu segundo livro sobre ciência e tecnologia, que reforçou a biotecnologia como a prioridade número um da China para o desenvolvimento de alta tecnologia.

Ao mesmo tempo que a estrutura organizacional da agricultura chinesa mudava, o país também aumentava seus investimentos em pesquisa agrícola. Como os agricultores chineses já haviam atingido o ponto em que utilizavam quase todas as terras aráveis para a agricultura, ficou claro que a única maneira de expandir a produção era melhorar a produtividade. Como resultado da melhoria da tecnologia agrícola, a produção chinesa de grãos aumentou cerca de 350% nesse período, enquanto a parcela da população do país que trabalha na agricultura caiu de 80% em 1950 para 35% em 2011. Em 2008, os gastos do governo chinês em pesquisa agrícola ultrapassaram pela primeira vez os gastos comparáveis do setor público do governo americano, e continuam a superar os dos Estados Unidos. De fato, os gastos do setor público chinês nessa área durante 2019-2021 foram quase o dobro dos gastos do setor público americano.

O sistema nacional de pesquisa agrícola da China é o maior sistema de pesquisa financiado e administrado publicamente do mundo. Cerca de 60.000 pesquisadores e técnicos trabalham em cerca de 400 institutos de pesquisa e 70 universidades agrícolas em toda a China. O melhoramento de plantas é realizado principalmente por vários institutos do setor público, nos quais a Academia Chinesa de Ciências Agrícolas (CAAS) é a agência líder. Todas as universidades agrícolas na China têm institutos/seções agrícolas responsáveis pelo melhoramento de plantas e biotecnologia. Há também muitas empresas de sementes, tanto públicas quanto privadas.

A CAAS, fundada em 1957 e sediada em Pequim, supervisiona 34 institutos de pesquisa afiliados em toda a China. A CAAS também incorpora uma escola de pós-graduação e uma editora. O trabalho de pesquisa e políticas da CAAS abrange uma ampla gama de tópicos, categorizados em 11 grandes grupos disciplinares: Pesquisa Agrícola Básica e de Fronteira; Ciência de Cultivos; Horticultura; Proteção de Plantas; Recursos Agrícolas e Meio Ambiente; Zootecnia; Medicina Veterinária; Microbiologia Agrícola; Qualidade e Processamento de Produtos Agrícolas; Equipamentos, Engenharia e Informação Agrícolas; e Economia Agrícola e Desenvolvimento Rural. A CAAS conta com a inovação para garantir a segurança alimentar nacional, regional e global. É composto de um grupo muito grande: mais de 11.000 funcionários, incluindo quase 6.200 pesquisadores.

Cientistas da CAAS ligados ao Instituto Nacional de Pesquisa do Arroz da China avançaram no melhoramento genético de características de qualidade do arroz. Foram criadas diversas variedades de arroz de maturação extraprecoce, como a Zhongjiazao 33, e variedades de arroz tolerantes ao calor. O arroz de maturação extraprecoce amadurece mais rapidamente e produz mais grãos. As variedades de arroz tolerantes ao calor não são estressadas por temperaturas extremamente altas de curto prazo, garantindo a produtividade do arroz e a segurança alimentar contra as mudanças climáticas. Cientistas da CAAS também trabalham em métodos avançados para aprimorar a produção animal. Por exemplo, o pato de Pequim — uma iguaria chinesa conhecida e apreciada em todo o mundo — é aprimorado pela pesquisa do Professor Shuisheng Hou no Instituto de Ciência Animal da CAAS. A alimentação forçada tradicional do pato de Pequim é contrária ao bem-estar animal. Hou vem mudando com sucesso esse método de alimentação retrógrado do ponto de vista da reprodução. Ele investigou tudo para romper o antagonismo genético entre eficiência de crescimento, resistência a doenças e qualidade da carne. Usando seleção genética, Hou e seus colegas desenvolveram o pato de Pequim "tipo Z" com alimentação livre, uma conquista que beneficia consumidores em todo o mundo.

Em 2013, com o apoio do governo, a CAAS lançou o Programa de Inovação em Ciência e Tecnologia Agrícola (ASTIP). A CAAS está implementando a "Ação de Máquinas Inteligentes", que visa tornar os equipamentos de produção das principais culturas de grãos mais inteligentes e promover a P&D de máquinas para as principais culturas econômicas. Os cientistas da CAAS produziram uma variedade de máquinas agrícolas especializadas, como para áreas montanhosas, estufas, cultivo multicultivo e processamento preliminar de produtos agrícolas. Eles desenvolveram máquinas agrícolas mais inteligentes, aplicando sensoriamento remoto aeroespacial, sensoriamento remoto aéreo, IoT para citros e terra, e modernizaram equipamentos agrícolas para que se tornassem mais aplicáveis aos cenários diversificados dos setores agrícola e rural. Em 1990, 60% da força de trabalho chinesa estava empregada na agricultura. Mas esse número caiu para 23% em 2022. Esse declínio foi impulsionado pela urbanização e industrialização, que atraíram trabalhadores rurais para as áreas urbanas em busca de melhores oportunidades de emprego. Ao mesmo tempo, na última década, a taxa de mecanização abrangente da produção de grãos na China aumentou de 57% em 2012 para mais de 72% em 2021. A mecanização agrícola não apenas reduz a intensidade do trabalho, mas também garante uma produção de grãos estável e crescente, ao mesmo tempo que reduz custos e melhora a eficiência. A ampla adoção de máquinas agrícolas avançadas entre pequenos agricultores é uma forma de a China aumentar a produtividade no setor agrícola. Em especial, a mecanização completa e a automação inteligente da produção de arroz são de grande importância para a segurança alimentar na China e em outros lugares. Em 2024, o estoque nacional de máquinas agrícolas ultrapassou 200 milhões de unidades, com a implantação de equipamentos terminais utilizando o Sistema de Navegação por Satélite BeiDou do país ultrapassando 2,2 milhões de unidades.

Muitos programas da CAAS concentram-se em áreas rurais. As famílias agrícolas de pequena escala predominam na China, e uma estrutura operacional totalmente modernizada ainda precisa ser construída. Portanto, é crucial intensificar a orientação e os serviços para fornecer melhores sementes, práticas agrícolas e tecnologias em áreas-chave e estágios críticos da produção, para colheitas abundantes de grãos e outros produtos agrícolas essenciais. Para ajudar os agricultores rurais a considerar novas tecnologias e a se capacitarem para usá-las, uma dúzia de equipes de especialistas da CAAS foi criada, trabalhando na produção de trigo, arroz, milho, soja, colza, vegetais e algodão, para fornecer suporte eficaz a toda a cadeia industrial da produção agrícola e chegar à "última milha". Mais de mil especialistas da CAAS se dedicaram a mais de 300 condados e 100 cidades em mais de 20 províncias somente em 2022, oferecendo orientação técnica e serviços em campo. Além disso, a CAAS pilota mais de 20 projetos de demonstração em 20 setores para redução de custos, alta eficiência e alto rendimento, como produção animal, produção de amendoim e melhoria do ambiente de vida. 167 bases foram estabelecidas nas principais regiões produtoras, onde mais de 200 conjuntos de tecnologias avançadas foram estendidos ao campo.

O Instituto de Tecnologia da Computação da CAAS construiu um "banco de dados agrícolas inteligentes" para abrir os fluxos de dados da produção agrícola, garantir totalmente a qualidade e a segurança dos dados agrícolas e alcançar a redução de custos e a melhoria da eficiência da produção agrícola em áreas como fertilização, aplicação de pesticidas e irrigação, impulsionando assim o aumento da produção de grãos e a renda dos agricultores e das comunidades rurais. Nos últimos anos se estabeleceu a Plataforma de Big Data da Indústria de Sementes Chinesa, com um sistema de identificação de variedades e implementar um sistema de gestão de rastreabilidade de sementes. Foi desenvolvido um sistema de controle inteligente para a produção de pomares, podendo ser amplamente utilizado para frutas como maçãs, cítricos e peras. Utilizando tecnologias integradas, o sistema permite diagnóstico e análise de dados no local com apenas "um clique". A plataforma de serviços operacionais em campo pode controlar robôs inteligentes de patrulha de campo, robôs de monitoramento de operações, robôs capinadores, robôs pulverizadores de produtos químicos, robôs de colheita de frutas e vegetais e tubulações de irrigação para aplicação integrada de água e fertilizantes.

Seus cientistas lançaram o primeiro biopesticida proteico imune a plantas da China, o "A'Tailing", e diversos fertilizantes de baixo custo, facilmente degradáveis e de liberação lenta. Uma tecnologia que combina pesticidas eficientes e de baixo risco e a utilização eficiente de nutrientes reduziu em mais de 20% e 10%, respectivamente, o uso de pesticidas e fertilizantes químicos. Ao utilizar tecnologias e equipamentos essenciais para uma agricultura eficiente em terras áridas e para o plantio de água adaptável e resistente à seca, a eficiência da utilização da precipitação nas regiões áridas do norte da China aumentou em média cinco pontos percentuais, 13.000 fazendas intensivas e familiares estão utilizando tecnologias inovadoras para a reciclagem de esterco de gado e aves, e mais de 30% das águas residuais foram reduzidas na fonte.

Na visão dos cientistas da CAAS, embora enfatizem a importância de 120 milhões de hectares de terras agrícolas na China, a proteção das terras agrícolas não é apenas uma questão quantitativa, mas também precisa ser considerada sob uma perspectiva qualitativa e ecológica. A horticultura inteligente em estufas se concentra na aplicação de monitoramento e no controle ambiental, gerenciamento preciso de água, fertilizantes e produtos químicos, proteção inteligente de plantas, inspeção e transporte não tripulados, máquinas agrícolas inteligentes e outros equipamentos técnicos. A pecuária inteligente se concentra na aplicação de equipamentos técnicos, como monitoramento e gerenciamento de sinais físicos individuais, regulação ambiental precisa, inspeção e desinfecção automáticas, diagnóstico inteligente de doenças, alimentação precisa com fórmula, coleta e limpeza automáticas e tratamento inofensivo de resíduos. A pesca inteligente se concentra na aplicação de equipamentos técnicos, como monitoramento ambiental e da qualidade da água, oxigenação automática, inspeção inteligente, alimentação inteligente, observação do comportamento individual, diagnóstico inteligente de doenças de peixes e contagem graduada.

A China demonstrou um forte compromisso em investir pesado para levar essas tecnologias cruciais do laboratório para práticas agrícolas reais para permitir o aumento da produtividade de grandes áreas das principais culturas aráveis por meio de: implementação de soluções de tecnologia de plantio digital, operação de sistemas inteligentes de gerenciamento integrado de água e fertilizantes, atualização da digitalização de máquinas e equipamentos agrícolas, orientação dos terminais de equipamentos com sistemas como o de navegação por satélite Beidou, direção assistida, melhoria do nível de precisão das operações, implementação de redes de monitoramento e alerta precoce para meteorologia de campo, crescimento das culturas, umidade do solo, pragas e doenças, e formação de um sistema de monitoramento integrado que cubra toda a região, estabelecimento e aprimoramento de serviços agrícolas inteligentes e fornecimento de vários serviços de informação, como orientação agrícola, informações de mercado, prevenção e mitigação de desastres em todo o ciclo de produção para pequenos agricultores e outras entidades operacionais.

Em todo o país, 260 parques nacionais de agricultura e tecnologia científica foram construídos para servir como parte de vitrine tecnológica e parte fazendas-piloto de P&D. Os projetos abrangem desde programas de melhoramento de plantas e animais até agricultura de precisão com eficiência hídrica. Algumas dessas entidades também oferecem subsídios a empreendedores. Novos recursos de biotecnologia, como edição genética, permitem o desenvolvimento mais rápido de novas variedades de culturas em resposta a doenças e mudanças climáticas. A biotecnologia moderna tem imenso potencial para melhorar a medicina veterinária e evitar bilhões de dólares em perdas econômicas causadas por doenças animais. A "Revolução da Informação" é outro fator que contribui para a agricultura inteligente. A agricultura de precisão pode monitorar as condições das plantações e aplicar insumos onde e na quantidade específica necessária. Isso aumenta o rendimento, economiza o uso de insumos e reduz os efeitos colaterais adversos do uso excessivo de produtos químicos e água. Os sistemas agrícolas inteligentes também incluem irrigação por gotejamento, que aumenta o rendimento das colheitas em cerca de 40% e reduz o uso de água e produtos químicos em até 50%. Práticas de plantio direto ou baixo e cultivo de cobertura podem levar a menos perda de carbono e maior produtividade a longo prazo. Descobertas científicas permitem desenvolver tecnologias circulares para reutilizar resíduos agrícolas como fonte de valor. Assim, a adoção da agricultura inteligente tem um imenso potencial para aumentar a produtividade e a sustentabilidade da agricultura.

O mais recente plano quinquenal da China para o desenvolvimento de tecnologia agrícola e rural em 2021 prevê pesquisas em carne cultivada, ovos e laticínios alternativos e proteínas recombinantes, o que os legisladores descreveram em sua carta como uma tentativa da China de "dominar as cadeias de suprimentos globais". Em 2020, o Ministério da Ciência e Tecnologia lançou a iniciativa Manufatura Biológica Verde, que reservou ¥ 600 milhões (US$ 93 milhões na época) em financiamento para projetos de pesquisa — cerca de ¥ 20 milhões seriam destinados a empresas de carne cultivada e proteína vegetal. Da mesma forma, em 2021, o governo anunciou um projeto focado em tecnologia de biofabricação de alta eficiência para análogos de carne, liderado pelo instituto de ciências agrícolas da Universidade Jiangnan. De acordo com o grupo de estudos sobre proteínas alternativas Good Food Institute (GFI) APAC, a Fundação Nacional de Ciências Naturais da China também apoiou muitas equipes de pesquisa sobre carne cultivada e vegetais, com mecanismos de financiamento semelhantes disponíveis em níveis provinciais e municipais.

## 3.4. Fazendas inteligentes

Com base em estruturas como o Plano de Ação Nacional para Agricultura Inteligente (2024-2028) e o 14º plano agrícola quinquenal (2021-2025), a nova estratégia coloca a IA e as tecnologias emergentes na vanguarda da modernização agrícola da China. Como maior produtora e importadora agrícola do mundo, a China há muito prioriza a segurança alimentar. Mas a batalha é árdua: a China precisa alimentar um quinto da população global com menos de 10% das terras aráveis do mundo e ainda menos dos recursos de água doce. Além disso, a taxa de autossuficiência alimentar da China vem caindo, de 93,6% em 2000 para 65,8% em 2020, com projeções de cair ainda mais para 58,8% até 2030, aumentando a dependência das importações.

Ferramentas baseadas em IA que permitem a agricultura de precisão , como análises preditivas, drones e máquinas autônomas, podem ajudar os agricultores chineses a maximizar a produtividade agrícola diante dos desafios ambientais e da escassez de mão de obra rural. Também permitiriam que as autoridades chinesas liberassem terras para o cultivo de alimentos básicos essenciais, como a soja , da qual cerca de 80% é importada.

Para Pequim, os benefícios de uma estratégia "agricultura + IA" são claros. Instalações agrícolas inovadoras estão tornando o trabalho agrícola mais eficiente e econômico para os "novos agricultores" da China, que estão equipados com novas ideias, novas tecnologias e novas habilidades agrícolas. Drones, cultivo de mudas em fábricas e sistemas de gestão de terras agrícolas baseados em Big Data, entre outras novas ferramentas, métodos e meios de produção agrícola, trouxeram novas perspectivas às atividades de produção agrícola em todo o país. A agricultura inteligente desempenha um papel fundamental no aumento da segurança alimentar, otimizando o uso de recursos e melhorando a produtividade das culturas por meio da aplicação de tecnologias de IA. O estabelecimento de fazendas inteligentes é fundamental para a rápida integração da IA à produção agrícola, oferecendo plataformas para a implantação e o teste de soluções e equipamentos de IA.

Um dos principais auxílios do uso da IA na agricultura é a capacidade de coletar e analisar grandes quantidades de dados. Sensores e outros dispositivos de monitoramento podem ser implantados em todos os campos para coletar informações sobre umidade do solo, níveis de nutrientes, condições climáticas e outros fatores importantes. Esses dados podem então ser inseridos em algoritmos de IA, que podem identificar padrões e fazer previsões sobre o desempenho futuro das culturas. A IA também pode ser usada para otimizar o uso de recursos como água e fertilizantes. Ao analisar dados sobre os níveis de umidade do solo, por exemplo, os algoritmos de IA podem decidir o momento e a quantidade de água a serem aplicados às culturas para maximizar a produtividade e minimizar o desperdício. Da mesma forma, a IA pode ajudar os agricultores a otimizar o uso de fertilizantes, analisando os níveis de nutrientes do solo e prevendo as necessidades das culturas. Além de melhorar a produtividade das culturas, a IA também pode ajudar os agricultores a reduzir o desperdício e aumentar a sustentabilidade. Por exemplo, algoritmos de IA podem ajudar a identificar pragas e doenças precocemente, permitindo que os agricultores tomem medidas preventivas antes que danos significativos sejam causados. Isso pode reduzir a necessidade de pesticidas e outros produtos químicos, levando a uma abordagem mais sustentável para a agricultura.

A província de Zhejiang, no leste da China, liderará testes, utilizando modelos como a "Fazenda Fuxi" — fazendas em rede integradas digitalmente e equipadas com máquinas agrícolas modernas. A província divulgou recentemente um plano de ação para o desenvolvimento da economia de baixa altitude em áreas agrícolas e rurais, com o objetivo de integrar ainda mais essa economia para impulsionar a agricultura. O governo planeja desenvolver 10.000 fazendas inteligentes, inspiradas em Fuxi, uma divindade mitológica da agricultura da etnia Han-chinesa. Aplicações de agricultura inteligente em Zhejiang vincularão o "Código Agrícola de Zhejiang" ao "Código Agrícola Geral" nacional, promovendo a interconexão e a interoperabilidade de dados entre o ministério, as províncias e as empresas. De acordo com o plano, até 2027, o número de drones agrícolas em Zhejiang ultrapassará 10.000, e serão construídos 100 pontos de monitoramento inteligente para a produção agrícola. Até 2028, o Ministério da Agricultura prevê um "cérebro da indústria agrícola" completo para vários setores, mais de 1.000 fábricas agrícolas digitais e 100 fazendas futuras, juntamente com padrões e protocolos para agricultura inteligente. A CAAS liderará os esforços para explorar e refinar o modelo da Fazenda Fuxi.

Existe uma fazenda modelo inteligente chamada Fuxi Farmland na Nova Área de Xiong'an, na província de Hebei, no norte da China. Utilizando Big Data e IA, engenheiros podem gerenciar o plantio de grãos controlando máquinas remotas não tripuladas a partir de um centro de controle localizado a 20 quilômetros de distância, enquanto acessam informações em tempo real sobre as plantações por meio de uma grande tela de monitoramento.

A empresa CGN Shanwei New Energy colocou recentemente em serviço uma nova estrutura de aquicultura offshore no Parque Eólico Shanwei CGN Houhu, no Mar da China Meridional, a 11 quilômetros da costa da província de Guangdong. *O Fuxi n. 1* (伏羲一号) foi construído pela Base Jiangmen Xinhui do Departamento de Salvamento de Guangzhou. O projeto foi realizado pelo Instituto de Pesquisa e Design de Energia Elétrica de Guangdong.

*A Fuxi n. 1* tem um comprimento total de 70 metros (230 pés), uma boca de 35 metros (110 pés) e uma capacidade total de 63.000 metros cúbicos (2,2 milhões de pés cúbicos), com uma produção máxima anual projetada de 900 toneladas. A estrutura pode ser submersa a uma profundidade de 25,7 metros (84,3 pés). A estrutura adota um design de revestimento tipo treliça, composto de estacas de 66 metros (220 pés) de comprimento, escoras diagonais e blocos superiores duplos. O projeto foi desenvolvido para suportar até 17 supertufões em um período de 12 meses. Também apresenta forte resistência à corrosão e a danos por impacto de colisões. A estrutura também se destaca por possuir capacidade de geração de energia elétrica graças à instalação de painéis solares e uma turbina eólica. Como a estrutura é alimentada exclusivamente por energia renovável, ela é capaz de operar continuamente mesmo sob condições extremas típicas de áreas offshore.

*O Fuxi n. 1* possui um sistema abrangente de aquicultura multinutriente com tecnologia de semeadura de fundo e multiplicação. Isso permite a coleta simultânea de diversas espécies de peixes, crustáceos e algas. Sistemas inteligentes dedicados também estão disponíveis para alimentação, limpeza de gaiolas, monitoramento de reprodução, recuperação de peixes adultos e monitoramento ambiental. A metade superior da estrutura também conta com uma plataforma para embarque e desembarque de pessoal em pequenos barcos, além de alojamentos, além da turbina eólica e dos painéis solares. *O Fuxi N. 1* também apoiará a pesquisa científica, servindo como uma plataforma a partir da qual cientistas podem estudar os efeitos das atividades de captura de peixes realizadas em parques eólicos *offshore*. Isso também pode levar ao desenvolvimento de novos tipos de equipamentos para aquicultura, a pesquisas adicionais sobre a produção de hidrogênio por eletrólise da água do mar com o auxílio da energia eólica *offshore* e à demonstração de novos tipos de sistemas robóticos subaquáticos para manutenção de gaiolas.

Empresas como China United Network Communications Group, Weichai-Levo, Bochuang Linkage, YTO Group, World Group, Dimai Group e Chaoxing Intelligence estão investindo ativamente em máquinas agrícolas inteligentes.

A Bochuang Linkage estabeleceu uma solução integrada de agricultura inteligente que abrange toda a cadeia de cultivo, colheita, manejo e plantio. Atualmente, possui milhões de terminais inteligentes e acumulou uma área operacional de mais de 1,6 bilhão de mu. Por exemplo, em termos de máquinas agrícolas inteligentes, a Bochuang Linkage conta com tecnologias como Beidou, redes 5G e Big Data para atualizar as máquinas agrícolas para níveis inteligentes e digitais. Lançou produtos como tratores inteligentes, transplantadoras inteligentes, sistemas de controle inteligente para máquinas agrícolas, direção autônoma e terminais inteligentes digitais, criando um modelo de produção agrícola de precisão liderado por máquinas agrícolas inteligentes.

A Bochuang Linkage firmou parceria com a cidade de Shangzhuang, no distrito de Haidian, para criar uma fazenda de demonstração inteligente de 405 acres. Entre eles, a Bochuang Linkage construiu cinco grandes projetos de núcleo inteligente, incluindo um sistema de máquinas agrícolas de operação autônoma que abrange todo o processo de cultivo de arroz, sistemas de monitoramento para situações de desastre, umidade do solo, condições das mudas e condições de pragas e doenças, além de oferecer suporte a modelos digitais de cultivo de precisão verdes e eficientes. Também estabeleceu uma plataforma em nuvem de gerenciamento abrangente digital de fazendas autônomas, que pode alcançar gerenciamento e operação eficientes e inteligentes da fazenda. Foi implementado o Sistema de Rastreabilidade de Qualidade do Arroz Jingxi na região para conferir a ele uma nova identidade de marca de produto agrícola que é científica, verde, segura e ecológica. A construção de um centro de comando operacional abrangente para fazendas autônomas, um display digital de agricultura em campo e serviços de apoio à indústria, universidade e pesquisa alcançarão uma cobertura completa de gestão, controle, observação, aprendizado e promoção da fazenda autônoma planejada, destacando a liderança tecnológica, a inovação em modelos e a promoção demonstrável. Isso contribuirá para a comercialização de máquinas agrícolas inteligentes.

Em uma fazenda de propriedade do conglomerado agrícola Beidahuang Group, um especialista em tecnologia seleciona uma plantação de soja no mapa digital exibido no centro de comando, acionando instantaneamente um drone próximo para vigilância aérea. Em cerca de dez minutos, o drone transmite dados sobre o crescimento da planta de soja, condições de pragas e doenças das plantas para o centro de comando, onde um mapa multiespectral é gerado, oferecendo *insights* para fertilização e tratamento direcionados. O sistema inteligente usa drones e imagens multiespectrais de alta precisão para gerar mapas que revelam a saúde das plantas. Nessas imagens, as áreas vermelhas indicam um crescimento relativamente baixo, enquanto as áreas azuis mostram um bom crescimento.

Dados coletados por voos de drones nos campos permitem que os agricultores monitorem a umidade do solo em tempo real e desenvolvam estratégias direcionadas de fertilização e pesticidas. Em uma área agrícola administrada pela Qixing Farm Co., Ltd., pertencente ao Beidahuang Group, com sede na província de Heilongjiang, no nordeste da China, uma fileira de dispositivos parecido com uma caixa elétrica inteligente está instalada nos arrozais. Esses sensores transmitem dados do campo, permitindo que os produtores monitorem o crescimento das plantas de arroz, previnam pragas e doenças e otimizem a suplementação de nutrientes. A rede inteligente que fornece mensagens em tempo real tornou o gerenciamento da agricultura mais eficiente e conveniente. A digitalização impulsionou os esforços de modernização da fazenda. Em 2024, Qixing atingiu uma produtividade média de arroz de 630 kg por mu (9.450 kg por hectare), com a maior produtividade atingindo 836,3 kg por mu, além de colheitas abundantes de milho e soja.

Conhecida como o celeiro de grãos da China, Heilongjiang assumiu a liderança na modernização agrícola do país. A produção de grãos da província atingiu 77,88 bilhões de kg em 2023, consolidando-se como a maior produtora da China pelo 14º ano consecutivo. Como principal braço agrícola da província, o Beidahuang Group estabeleceu a Yanjiagang Farm Co., Ltd., uma demonstração de fazenda inteligente nos arredores da capital provincial Harbin, exibindo a rede agrícola inteligente abrangente e integrada da empresa. A agricultura é realizada usando o aplicativo Beidahuang Smart Agricultural Service em um celular, em que se seleciona um lote no aplicativo para controlar remotamente. Para irrigar ou drenar um arrozal, não há necessidade de trabalho manual. A rede monitora o volume de água no campo e controla a comporta da estação de bombeamento. Para atingir esse nível de gestão digital, o Beidahuang Group realizou investimentos substanciais em infraestrutura agrícola inteligente. Isso inclui a instalação de uma rede de comunicação de fibra óptica apoiada por 25.300 quilômetros de linhas de comunicação e

110.000 sensores agrícolas para monitoramento ambiental, avaliação do crescimento das culturas e detecção do solo em todas as áreas agrícolas.

Em 2021, a empresa estabeleceu uma subsidiária secundária, a Beidahuang Information Company, para impulsionar sua plataforma de agricultura inteligente. A empresa possui centros de P&D em Pequim e Wuhan, empregando mais de 260 pesquisadores. Ao desenvolver produtos de *hardware* e *software* e coletar dados agrícolas, a empresa de tecnologia acelerou significativamente a transição para a agricultura moderna. A empresa desenvolveu um mapa digital que exibe todas as fazendas de recursos agrícolas de propriedade do Beidahuang Group, abrangendo mais de 45 milhões de mu de terra arável, com cada área de cultivo e lote codificados e rotulados. O mapa emprega tecnologias avançadas de IA, incluindo processamento de linguagem natural e algoritmos de aprendizado de máquina. O conglomerado agrícola também estabeleceu cooperação com o Instituto de Tecnologia de Harbin, a Universidade Agrícola do Nordeste e outras instituições de pesquisa para promover a agricultura inteligente, com foco no melhoramento de sementes, plantio, logística de grãos e processamento orientados por IA.

O distrito de Shizhong, na cidade de Zaozhuang, na província de Shandong, no leste da China, está aproveitando tecnologias de agricultura inteligente para aumentar a eficiência do cultivo com seu Parque Industrial Agrícola Inteligente Wonong de 600 mu (40 hectares) liderando a transformação. Na colheita no início de 2025, as plantações de tomate do parque alcançaram uma redução de 80% no uso de água e um aumento de 30% na produtividade por meio de irrigação de precisão e sistemas de nutrientes. Equipadas com sistemas integrados de fertilização de água e controle digital de temperatura, as estufas do parque usam sensores para monitorar dados ambientais em tempo real, incluindo temperatura, umidade e luz. Os agricultores ajustam remotamente as configurações de irrigação, ventilação e climatização por meio de smartphones, permitindo a "aração de primavera baseada em nuvem" para combater o clima imprevisível. As 74 estufas de alto padrão recém-construídas do parque empregam fertilização com nutrientes de todos os elementos, fornecendo soluções nutricionais personalizadas diretamente às raízes das plantas com base nos estágios de crescimento. Além disso, especialistas agrícolas locais fornecem orientação no local para otimizar o controle de pragas e variedades de culturas, garantindo uma produção estável para a zona de agricultura inteligente do parque.

No município de Jiangxiang, condado de Nanchang, cidade de Nanchang, Jiangx, o Big Data se tornou um novo "meio de produção agrícola" cada vez mais indispensável. Lá uma fazenda dividiu seus mais de 10.000 mu de terras agrícolas contratadas em mais de 4.000 lotes e estabeleceu um arquivo exclusivo para cada lote, o que lhe permite monitorar cada lote por meio de um sistema de agricultura inteligente com tecnologia de big data. Graças ao sistema avançado de gerenciamento de terras agrícolas, podem-se verificar as condições de cada lote em uma tela na sala de controle do sistema, em que os níveis de pH, o teor de umidade do solo, o estado de fertilidade e outras informações de cada lote podem ser exibidos claramente. Diferentemente dos velhos tempos, quando se dependia principalmente da experiência para a agricultura, agora ele fertiliza com precisão cada lote com base em suas condições e determina o momento ideal de semeadura de acordo com dados sobre temperatura do solo, luz solar e outros fatores. Com a ajuda de instalações modernas e tecnologias agrícolas, precisou cerca de 20 trabalhadores para administrar seus mais de 10.000 mu de terras agrícolas.

Xu Lijun, especialista do Instituto de Recursos Agrícolas e Planejamento Regional da Academia Chinesa de Ciências Agrícolas, e sua equipe usaram tecnologia digital para promover uma nova variedade de aveia no condado de Huize, província de

Yunnan. Desde que começou a trabalhar na agricultura digital em Huize em novembro de 2017, o cultivo de aveia se tornou essencial para o alívio da pobreza e a revitalização rural do condado. A equipe teve acesso ao banco de dados mais abrangente de variedades de gramíneas, bem como métodos de cultivo relacionados e estratégias de manejo de campo para prevenção de pragas, o que forneceu suporte tecnológico para o desenvolvimento agrícola. Devido à sua altitude elevada e ao clima frio, Huize enfrentava escassez frequente de forragem. O condado estava tentando encontrar uma cultura que crescesse bem e impulsionasse a economia rural quando a equipe de Xu chegou. Depois de analisar os recursos naturais por meio de dados de sensoriamento remoto e conduzir experimentos, a equipe decidiu que a aveia era a cultura mais adequada e começou a explorar a adaptabilidade de diferentes variedades. Seus experimentos levaram a um rendimento médio de 4,5 toneladas métricas por hectare, com o rendimento mais alto atingindo 6,75 ton.

Maoming, uma cidade famosa pelo cultivo de lichia na província de Guangdong, no sul da China, é um excelente exemplo de como práticas antigas se unem a tecnologias de ponta para criar uma indústria local mais inteligente, eficiente e orientada à precisão. A cidade concluiu a implantação de sua plataforma de IA local, integrando mais de cinco milhões de pontos de dados, incluindo um banco de dados de prevenção de doenças da lichia e registros meteorológicos locais detalhados. Foram instalados 70 conjuntos de sensores de IoT com tecnologia 5G em 20 cidades produtoras de lichia em Maoming. Essas instalações monitoram tudo, desde a umidade do solo até a temperatura do ar, gerando *insights* em tempo real que permitem aos agricultores antecipar e mitigar riscos antes que o clima adverso cause danos. Agricultores em Maoming também se dedicaram ao aprendizado e à aplicação de tecnologias de IA no cultivo de lichia. Em segundos, o sistema forneceu um plano de manejo personalizado. No passado, dependia inteiramente da experiência para determinar o período de floração das plantações. Os fertilizantes eram aplicados por instinto e, muitas vezes, reagiam tarde demais aos surtos de doenças. Agora, as soluções fornecidas pela IA ajudam a enfrentar esses desafios de forma imediata e precisa. A IA tem grande potencial em agricultura de precisão, identificação e controle de pragas, máquinas agrícolas automatizadas e otimização da cadeia de suprimentos.

Em uma instalação de cultivo de vegetais no condado de Deqing, província de Zhejiang, cachos de tomates pendem de galhos, enquanto trabalhadores vão e voltam, ocupados colhendo, classificando e embalando os produtos frescos para distribuição em todo o país. Abrangendo quase 40 mu (2,67 hectares), a Fábrica de Vegetais Shuimu é o primeiro complexo agrícola do país a possuir direitos de propriedade intelectual independentes nacionais. Ao contrário das bases agrícolas tradicionais, a fábrica digital de vegetais requer apenas dez funcionários. A instalação de equipamentos agrícolas avançados empregou técnicas como cultivo sem solo e irrigação com economia de água, com um sistema de controle automatizado inteligente, quebrando as restrições sazonais do plantio tradicional e permitindo a produção ininterrupta durante todo o ano. O cultivo de tomate na fábrica alcançou o gerenciamento digital do ciclo de vida completo, garantindo não apenas a qualidade controlada do produto, mas também a redução do desperdício. Com uma produção anual de 1,25 milhão de quilos de tomates, a empresa pode atender à demanda de consumo anual de quase 50.000 pessoas.

Em áreas rurais do condado de Wulian, província de Shandong, equipamentos inteligentes de simulação de ambientes naturais permitem que estufas de cogumelos operem o ano todo. Integrando pesquisa e desenvolvimento, produção, processamento e vendas de produtos de fungos comestíveis, o parque de demonstração de ciência e tecnologia de cogumelos comestíveis e medicinais em Wulian tem um investimento total de 50 milhões de yuans (US$ 6,9 milhões) e cobre uma área de mais de 30.000 metros quadrados. Ela cultiva principalmente fungos comestíveis de alta qualidade, como *Dictyophora indusiata* e *Cordyceps militaris*, que são vendidos para cidades de primeiro nível, como Pequim e Xangai, impulsionando o desenvolvimento de indústrias de fungos de alta qualidade em mais de uma dúzia de vilas vizinhas e facilitando o emprego de agricultores locais. Como o crescimento de cogumelos envolve altas exigências relacionadas à temperatura, umidade, luz e outras condições ambientais, o cultivo requer um conjunto completo de tecnologias de sistemas de cultivo biônicos eletrificados. Portanto, cada estufa é equipada com sensores de temperatura e umidade, que podem realizar o monitoramento e o controle automatizados, realizando a transformação de métodos tradicionais de plantio em modalidades digitalizadas e orientadas pela tecnologia. No entanto, esses sistemas inteligentes também exigem suporte de energia estável e confiável.

A Shandong Qihe Biotechnology, maior exportadora de toras de cogumelos da China, usa controle numérico, Big Data, sensores e tecnologia 5G na fábrica inteligente que construiu para cultivar cogumelos shitake. A fábrica inteligente automatizou procedimentos de produção, incluindo ensacamento, esterilização e empilhamento, e promoveu tecnologia digital em logística e marketing. Eram necessários de 20 a 30 trabalhadores em cada fábrica operando máquinas, mas agora são necessários apenas de dois ou três para inspecionar as máquinas, o que economizou muito em custos de mão de obra. A capacidade diária é agora dez vezes maior que a das plantas tradicionais, chegando a 60.000 sacos por dia. Tecnologias inteligentes também são utilizadas para operar equipamentos de alta temperatura que podem garantir 100% de esterilização — vital para o crescimento sem contaminação dos cogumelos — e o dobro da eficiência das caldeiras tradicionais. Configurações inteligentes não apenas reduziram a mão de obra, mas também garantiram o melhor ambiente interno para o cultivo de cogumelos. A empresa investiu 200 milhões de yuans (US$ 30,85 milhões) na fábrica inteligente. O próximo passo da empresa é construir uma plataforma de Big Data para coletar dados de toda a cadeia de suprimentos de cogumelos comestíveis ao redor do mundo.

Qingpu, um distrito suburbano do município de Shanghai, concluiu em 2025 a construção de 12.000 mu de fazendas de produção de grãos não tripuladas. Por meio da transformação da infraestrutura de terras agrícolas e da implantação de máquinas agrícolas inteligentes, vêm se desenvolvendo processos totalmente automatizados. Na Vila de Dianxi, na Cidade de Jinze, em Shanghai, a Cooperativa de Máquinas Agrícolas Xinxiang é uma unidade piloto para a construção de fazendas autônomas em Qingpu. Os serviços da cooperativa abrangem desde a transformação de terras agrícolas para uso de máquinas, a modernização de tratores, semeadoras, transplantadoras e colheitadeiras com equipamentos inteligentes de direção autônoma, até a construção de plataformas de gestão agrícola autônoma, a compra de máquinas agrícolas compatíveis, a condução inteligente de máquinas agrícolas e o fornecimento de treinamento profissional na coleta e processamento de dados de máquinas. Assim, as fazendas autônomas serão a tendência futura na produção de grãos. A Shanghai Lianshi Navigation Technology Co Ltd é uma das primeiras empresas na China a lançar um sistema de direção autônoma com volante elétrico usando o sistema de navegação por satélite Beidou. Embora sua transplantadora de arroz autônoma se pareça com as transplantadoras tradicionais, ela alcançou automação total ao ser equipada com um kit de navegação Beidou de alta precisão. A máquina pode planejar rotas automaticamente, ligar e desligar o motor e realizar as operações de transplante.

Em 2024, o governo da China anunciou a conversão de 90 milhões de hectares de terras agrícolas de alto padrão até 2030.

A meta faz parte de um plano estratégico que tem como principal objetivo fortalecer a produção nacional de grãos, reduzindo a vulnerabilidade às importações e às tensões geopolíticas globais. A meta ambiciosa inclui a conversão de 1,35 bilhão de mu até o final da década. Além disso, o governo pretende que, até 2035, todas as chamadas "terras agrícolas básicas permanentes elegíveis" estejam totalmente adaptadas aos padrões de excelência agrícola. Essas áreas têm proteção legal contra usos não agrícolas e são vistas como essenciais para manter um fluxo estável e seguro de produção de alimentos. A medida faz parte de uma estratégia mais ampla para reverter o declínio histórico de terras aráveis na China, observado nos últimos anos. Segundo o Conselho de Estado, até o final de 2024, mais de 1 bilhão de mu — equivalente a 66,6 milhões de hectares — já haviam sido convertidos.

Uma das regiões que mais progrediu na conversão de terras é Xinjiang, localizada no noroeste da China. Até o final de 2022, cerca de 3,34 milhões de hectares já haviam sido transformados em terras agrícolas de alto padrão, representando quase 47,4% das áreas cultiváveis locais. A região se destaca pela rápida adoção de tecnologias e por já apresentar ganhos consideráveis de produtividade e resistência a eventos climáticos.

A tecnologia digital desempenha um papel crucial no estímulo e na propulsão do desenvolvimento agrícola. Nesse contexto, a digitalização rural da China avançou rapidamente. Em dezembro de 2020, o número total de usuários de banda larga rural atingiu 142 milhões de domicílios, mostrando um aumento líquido de 7,12 milhões de domicílios, marcando um crescimento de 5,3% em comparação ao final do ano anterior. A proporção de vilas administrativas na China com acesso a redes de fibra óptica e 4G ultrapassou 98%, e a velocidade média de *download* em áreas piloto para serviços universais de telecomunicações ultrapassou 70 Mbps, alcançando paridade no acesso à rede e na velocidade entre áreas rurais e urbanas. A melhoria da infraestrutura digital mencionada impulsionará significativamente o nível de digitalização rural.

No início de 2025, foi lançada a Plataforma Nacional de Tecnologia Agrícola e Educação em Nuvem, que promove a partilha de conhecimentos e a aprendizagem independente entre os trabalhadores agrícolas. As medidas incluem a construção de redes óticas e 5G com boa infraestrutura de informação e comunicação, agregando-os para a transformação da agricultura inteligente e estabelecimento de Big Data agrícola para auxiliar na produção. Os agricultores fornecem dados sobre culturas, pragas e condições no terreno e, em troca, podem aceder a cursos de formação online, IA de diagnóstico e linhas de apoio. As startups de tecnologias de IA estratégicas podem dizer aos agricultores que insetos estão a observar com apenas uma imagem e que pesticidas devem utilizar para proteger as suas culturas. O governo central também envia equipes de peritos especializados para províncias afetadas por desastres naturais ou que estejam a ficar para trás na produção agrícola para fornecer apoio no terreno e promover a popularização da tecnologia agrícola avançada.

Milhares de fazendas chinesas, especialmente em regiões como Shandong, Henan e Mongólia Interior, implantaram sistemas de sensores baseados em IoT que monitoram variáveis-chave como umidade do solo, níveis de pH, temperatura, umidade e até mesmo atividade de pragas. Os dados coletados por esses sensores são processados em tempo real e retransmitidos aos agricultores por meio de plataformas móveis, permitindo intervenções oportunas.

Os agricultores chineses estão cada vez mais utilizando sistemas de irrigação automatizados, guiados por previsões meteorológicas e dados do solo em tempo real. Empresas como a Netafim China fornecem aos agricultores plataformas de gerenciamento de irrigação baseadas em nuvem que permitem controlar a aplicação de água remotamente. Isso resultou em uma economia de água de até 35% em regiões áridas como Xinjiang e Gansu, onde a escassez de água é uma grande preocupação.

A China pretende integrar ainda mais sistemas baseados em IA na agricultura, particularmente nas áreas de máquinas autônomas, monitoramento da saúde das culturas e cadeias de suprimentos inteligentes. Até 2035, estima-se que 50% das fazendas na China utilizarão soluções agrícolas baseadas em IA.

## 3.5. Robótica agrícola

A produção agrícola é um ciclo de longo prazo. Semear, plantar, nutrir, colher e processar são etapas cruciais para a industrialização agrícola. Robôs de campo geralmente se referem a dispositivos autônomos, de tomada de decisão, mecatrônicos e de operação móvel que podem realizar várias tarefas de produção agrícola de forma semiautomática ou automática. Robôs de lavoura são máquinas inteligentes utilizadas para cultivar a terra. Robôs semeadores permitem semear sementes em posições precisas, economizando tempo e dinheiro para os agricultores. Robôs colheitadeiras são desenvolvidos para pulverizar pesticidas automaticamente com base em um algoritmo de controle para navegação e um algoritmo de cálculo de trajetória de alta eficiência. Robôs de jardinagem automatizado podem plantar e monitorar automaticamente o solo e a água, medir a umidade do solo, irrigar e pulverizar pesticidas, capinar, arrancar ervas daninhas mexendo o solo e bloqueando a luz solar. Há robôs para frutas e vegetais e robôs para criação de animais.

Empresas agrícolas chinesas como a YTO Group Corporation vêm desenvolvendo tratores autônomos que utilizam GPS e IA para navegar pelos campos sem motoristas humanos. Esses tratores são capazes de arar, plantar e colher com extrema precisão, aumentando a produtividade agrícola e reduzindo os custos com mão de obra. Em 2020, a China apresentou o primeiro trator elétrico, autônomo e conectado às redes 5G do planeta. O veículo 4x4 é chamado de ET504-H e funciona por meio de baterias ou por células de combustível de hidrogênio. Além de poder funcionar de forma autônoma, o veículo também pode ser controlado remotamente graças à conexão com redes 5G. Dessa forma, ele pode ser controlado de qualquer lugar do mundo. Debaixo do capô, o veículo conta com motor médio síncrono central que impulsiona as rodas traseiras, enquanto as dianteiras contam com motores elétricos próprios. O desenvolvimento do veículo se deu por uma parceria entre o Instituto Nacional de Inovação e Criação de Máquinas Agrícolas e o Instituto de Pesquisa de Equipamentos Avançados de Tianjin, da Universidade Tsinghua. Destaca-se no trator a capacidade de executar tarefas com alto grau de precisão. A tecnologia autônoma é equipada com sensores avançados e sistemas de navegação, permitindo realizar tarefas com alto grau de precisão, reduzindo o risco de danos às plantações e ao solo. Isso é particularmente importante em áreas com terreno difícil, onde os tratores tradicionais podem ter dificuldades para navegar com eficiência. A colheitadeira H 9700, que faz tudo sozinha, reconhecendo o campo, fazendo as curvas necessárias e sendo capaz de colher 500 hectares de arroz em 8 a 10 horas. Ela faz parte de um projeto desenvolvido pela Country Garden, empresa do ramo de construção civil do país, mas que nos últimos anos vem investindo também na automação no campo.

A Fazenda Diantian, na zona rural de Xangai, tem robôs guiados por engenheiros, assumindo tarefas tradicionalmente realizadas pelo gado. Mais de 70 engenheiros da cooperativa rural Diantian, especializada no cultivo de arroz, passaram os últimos sete anos desenvolvendo mais de 60 tipos de robôs agrícolas capazes de realizar tarefas que vão do plantio à colheita. Equipados com pés rastos para navegação versátil em terrenos e um sistema operacional de IA como cérebro, esses robôs agilizam os processos agrícolas. Os agricultores podem operá-los facilmente por meio de um miniprograma WeChat em seus celulares, demonstrando uma tecnologia intuitiva. Equipados com tecnologias como 5G, reconhecimento de imagem e Big Data, esses robôs calculam rapidamente as distâncias até as plantações, permitindo uma colheita rápida e precisa em segundos. Os robôs são equipados com o Sistema de Navegação por Satélite BeiDou (BDS), contribuindo para mais de 100.000 conjuntos de sistemas de direção automática de máquinas agrícolas em todo o país.

A China se tornou o maior produtor e consumidor mundial de drones agrícolas, com empresas como a DJI Agriculture liderando o mercado. Além dos baixos custos iniciais, os drones reduziram drasticamente as despesas operacionais ao diminuir o uso de combustível para quase zero, reduzindo drasticamente os produtos químicos usados por meio de aplicação precisa e cortando substancialmente as necessidades de mão de obra. Os agricultores que estão migrando dos métodos tradicionais de pulverização — sejam eles tratores ou aeronaves tripuladas para pulverização de plantações — relatam regularmente economias de cerca de 30% por quilômetro quadrado, considerando a redução no volume de produtos químicos. Os drones também se tornaram um novo meio para obter informações sobre doenças em plantações na escala de parcelas de terras agrícolas devido às suas vantagens de flexibilidade, ao baixo custo e à adequação para ambientes agrícolas complexos. Os drones podem transportar uma variedade de sensores, incluindo câmeras RGB, câmeras multiespectrais, câmeras térmicas infravermelhas, câmeras hiperespectrais, radar a laser, etc.

A China tinha apenas cerca de 4.000 drones para a proteção de cultivos em 2016. Em 2021, mais de 120.000 drones foram usados para pulverizar pesticidas em mais de 1,07 bilhão de mu (cerca de 71,33 milhões de hectares) de terras agrícolas. Em junho de 2024, havia 1,875 milhão registrados em todo o país. Ao final de 2023, havia 929.000 usuários de drones registrados, 1,3 milhão de drones registrados e 194.400 licenças de piloto de drones válidas na China, de acordo com dados da Administração de Aviação Civil.

Os principais fabricantes chineses de drones, como XAG e DJI, aceleraram a evolução de suas tecnologias. Em 2015, o drone agrícola P20 da XAG e o MG-1 da DJI conseguiam realizar operações em 50 mu de terras agrícolas em uma hora. Recentemente as duas fabricantes de drones lançaram seus novos drones agrícolas, o P100 e o T40, respectivamente, que podem operar em 320 mu de terras agrícolas por hora. Para pulverizar 100 mu de terra, eram necessárias sete pessoas para pulverizar manualmente em três dias, utilizando 10 litros de pesticidas para cada mu de terra. Com um drone, se consegue pulverizar 100 mu de terra em uma hora, com menos de 1 litro de pesticidas para cada mu de terra. O drone pulverizou não apenas mais rápido, mas também de forma muito mais uniforme. Os drones agrícolas agora têm cenários de aplicação mais amplos. Além de semear e pulverizar fertilizantes, eles também são usados para auxiliar na polinização artificial, podem lançar forragem e operar a logística em terrenos acidentados.

Às margens do Rio Yangtze, no município de Quyuan, condado de Zigui, província de Hubei, centro da China, desde 2022 se iniciou um plano para uso de drones para transporte dos pomares de laranjas-baía. As laranjeiras crescem em encostas íngremes nas montanhas profundas. Antigamente, se saía antes do nascer do sol para carregar as laranjas enquanto se descia das montanhas. Cada pessoa conseguia transportar mais de 50 quilos de cada vez. A promoção de drones agrícolas levou ao estabelecimento de uma empresa de serviços agrícolas de drones no condado de Zigui, o que revolucionou o transporte de laranjas. Durante a temporada de colheita de laranja em 2024, quase 200 drones foram utilizados para transportar laranjas-baía. Cada um dos drones possui três baterias recarregáveis, o que permite uso contínuo.

Cada voo cobre um raio de aproximadamente 300 metros, e um drone pode transportar 10 toneladas de laranjas por dia. A demanda por transporte de laranjas por drones aumentou e foram treinados mais de 400 pilotos. O uso de drones para o transporte de laranjas se mostrou rápido e econômico, com um custo médio de transporte de apenas 0,3 yuans por quilo de laranjas.

Na principal província agrícola da China, Jiangxi, "novos agricultores" têm usado diversas instalações agrícolas modernas para melhorar a eficiência e reduzir custos na agricultura. Na vila de Huating, município de Longtian, condado de Yongxin, cidade de Ji'an em Jiangxi, recentemente usou um drone para semear sementes de arroz. Após a decolagem, o drone dispersou as sementes de forma precisa e uniforme ao longo de uma trajetória de voo predefinida. Foi monitorado o nível de sementes na caixa de sementes do drone por meio de um painel de controle. Antes os agricultores tinham que se abaixar para semear, mas agora é possível fazer o trabalho com apenas alguns movimentos dos dedos. Os drones podem dispersar sementes de forma mais uniforme e eficiente, economizando custos. Antes, mais de dez pessoas levavam um dia inteiro para semear arroz em 20 mu de terra. Agora, um drone consegue fazer o trabalho em apenas uma hora.

A pimenta de Sichuan é um dos ingredientes essenciais das cinco especiarias chinesas. A China é líder na produção de pimentas e pimenta de Sichuan, respondendo por 46% da produção anual mundial, com mais de 20 milhões de mu (1,3 milhão de hectares) de plantações produziram 28 milhões de toneladas em 2016. As pimenteiras prosperam em climas quentes e úmidos, mas também podem suportar condições diversas que podem cuidar de privacidade regular e luz solar direta. A maioria das plantações de pimenteiras de Sichuan são encontradas em paisagens irregulares. As pimenteiras de Sichuan crescendo de 2 a 7 metros de altura, com cachos de pimentas emergindo dos arbustos densos e entrelaçados das árvores. Pequenas pragas são a maior ameaça às pimenteiras de Sichuan, especialmente os ácaros. Eles se alimentam de folhas, botões florais, frutos jovens e brotos tenros, causando a queda de flores e frutos. Os ácaros produzem cerca de oito a nove gerações por ano, o que pode danificar permanentemente as plantações se não forem controlados. Tradicionalmente, o controle e a prevenção de pragas nas pimenteiras de Sichuan são uma tarefa árdua, exigindo que os trabalhadores percorram áreas de cultivo densas e terrenos irregulares com pulverizadores costais aplicando pesticidas a uma taxa de 6 a 9 mu (ou 0,4 a 0,6 hectares) por dia. A Jiangnong, prestadora local de serviços de proteção de plantas, utiliza drones DJI Agras MG-1 para pulverizar pesticidas produzidos localmente em plantações de pimenta espalhadas por terrenos irregulares e inclinados, medindo de 50 a 70 mu (cerca de 3,3 a 4,7 hectares) diariamente. Isso representa uma melhoria de sete a oito vezes na eficiência em comparação com a pulverização manual.

A cidade de Yangshan, província de Jiangsu, no leste da China, é conhecida como "cidade natal dos pêssegos com mel". Ela é celebrada como uma das quatro principais regiões produtoras de pêssego da China. Décadas de cultivo e melhoramento genético seletivos produziram mais de 30 variedades distintas de pêssego Yangshan. Quase todas as famílias em Yangshan estão envolvidas no cultivo de pêssegos. No passado, a maioria dos produtores de pêssego plantava pêssegos espontaneamente em suas próprias terras, mas não tinha orientação sobre como melhorar o solo e como dosar pesticidas e fertilizantes. Após a introdução e o treinamento do governo e de institutos locais, cada vez mais produtores de pêssego estão tentando ativamente adotar novas tecnologias para o cultivo de pêssegos. Um conjunto de tecnologias inovadoras de plantio foi amplamente disseminado, abrangendo monitoramento auxiliado por sensores do crescimento do pessegueiro, sistemas de alerta preventivo de pragas e doenças e protocolos de irrigação analítica do solo. Na linha de montagem da Wuxi Taihu Yangshan Peach Tech Co., Ltd., pêssegos de tamanhos variados são meticulosamente organizados, com tecnologia de visão 3D facilitando a classificação inteligente de mais de 180 pêssegos por minuto, categorizando-os por atributos como formato, peso e doçura. Depois de separar e embalar, outro passo importante é entregá-los inteiros e no prazo aos consumidores. A SF Express, uma empresa líder em logística chinesa, iniciou o uso de uma frota de drones para o transporte direto de pêssegos das fazendas para os centros logísticos regionais. A partir desses centros, os pêssegos partem em aeronaves de carga em rotas de longa distância, chegando a clientes em mercados-chave como Singapura e Dubai. Clientes em províncias vizinhas na China podem receber seus pêssegos em apenas meio dia.

Na China, o açúcar derivado da cana-de-açúcar representa aproximadamente 85% da produção total. A cana-de-açúcar é uma importante cultura comercial no sul da China, atualmente plantada em cerca de 1,5 milhão de hectares nas principais áreas de produção em Guangxi, na Região Autônoma de Zhuang e nas províncias de Yunnan, Guangdong e Hainan. Ainda, a mecanização em todo o processo de produção de cana-de-açúcar está em seus estágios iniciais de desenvolvimento.

A China começou a investigar o maquinário para a produção de cana-de-açúcar já na década de 1960. Daquela época até o final do século passado, o nível de mecanização desse produto na China foi muito baixo. O trabalho manual era a forma básica dessa produção. Os primeiros trabalhos de pesquisa foram com máquinas de tração animal. De meados da década de 1970 a meados da década de 1980, as instituições envolvidas realizaram pesquisas com máquinas de cana-de-açúcar movidas a tratores e desenvolveram mais de 40 máquinas e ferramentas para preparo do solo, sulcamento profundo, plantio, manejo do campo, colheita e transporte. Em geral, da década de 1960 até o final do século passado, a mecanização da cana-de-açúcar na China baseou-se principalmente no desenvolvimento de ferramentas e em testes de desempenho e adaptabilidade. Algumas máquinas de pequeno e médio porte para preparo do solo, manejo do campo e transporte foram desenvolvidas e estavam maduras o suficiente para expansão e utilização.

Em 1982, uma fazenda de cana-de-açúcar totalmente mecanizada, baseada em maquinário australiano importado, foi estabelecida na Fazenda Qianjin, pelo Escritório de Recuperação Agrícola de Zhanjiang, na província de Guangdong. O objetivo era testar o desempenho do maquinário australiano importado e explorar o caminho para a mecanização da cana-de-açúcar em larga escala na China. Havia 150 hectares de cana-de-açúcar na fazenda experimental. Após seis anos de experimentação, eles acreditavam que a produção de cana-de-açúcar totalmente mecanizada em larga escala, utilizando o sistema de maquinário australiano na China, era possível, embora precisasse de sérias melhorias nas condições de produção e nos sistemas de gestão.

Desde a década de 1990, mais instituições, incluindo universidades, instituições de pesquisa científica e empresas de produção, iniciaram uma nova rodada de pesquisas sobre colhedoras e plantadeiras de cana-de-açúcar. Diversas novas máquinas estavam em uso e outras estavam sendo testadas. A maioria das colhedoras desenvolvidas na China eram de pequeno e médio porte, com exceção das colhedoras de cana-de-açúcar 4GZQ-260 e 4GZQ-180, desenvolvidas pela Academia de Máquinas Agrícolas de Guangxi, e das colhedoras de cana-de-açúcar 4GZ-260 e 4GZ-180, desenvolvidas pela Companhia de Fabricação de Máquinas Yunma-Hansheng de Guangxi. Essas máquinas de pequeno e médio porte são adequadas para sistemas mecanizados de pequena e média escala.

Em 1996, com o apoio da Universidade Agrícola do Sul da China (SCAU), iniciou-se uma nova fase na investigação da produção mecanizada de cana-de-açúcar, novamente na Fazenda

Guang Qian, na área do Departamento de Recuperação de Zhanjiang, em cooperação com diversas empresas estrangeiras. As características dessa cooperação foram que as empresas estrangeiras gerenciaram todos os experimentos, enquanto o lado chinês apoiou seu trabalho. Isso significou que não apenas o maquinário, mas também todo o sistema, incluindo os processos de agronomia e gestão, foram introduzidos. Tratava-se de um projeto de pesquisa sobre mecanização da cana-de-açúcar, que se concentrou na introdução da combinação de maquinário estrangeiro e sistemas tecnológicos completos na situação de produção na China. Essas experiências começaram no início de 1997 e terminaram em abril de 2000. A escala dessas experiências estendeu-se por mais de 260 ha e indicou mais uma vez que a produção mecanizada era altamente eficiente e incomparável com o sistema de utilização de mão de obra humana.

Em 2003, pela terceira vez, o Departamento de Recuperação Agrícola de Zhanjiang introduziu um conjunto completo de máquinas de cana-de-açúcar estrangeiras e conduziu um projeto experimental e de demonstração sobre mecanização da cana-de-açúcar na Fazenda Fengshou da empresa. Tornou-se uma "área de demonstração para padronização agrícola (de cana-de-açúcar)" nacional. Nos últimos anos, a Fazenda Fengshou introduziu mais de 70 conjuntos de diferentes tipos de máquinas e ferramentas avançadas de grande porte e estabeleceu 1.000 ha de produção mecanizada de cana-de-açúcar como base experimental, alcançando basicamente a mecanização de todo o sistema de produção de cana-de-açúcar. Posteriormente, o Departamento de Recuperação Agrícola de Zhanjiang estabeleceu a Companhia Guang Ken de Máquinas Agrícolas, que unificou o desenvolvimento e a gestão do trabalho de mecanização da cana-de-açúcar em toda a área de recuperação. Em 2015, atingiu a produção mecanizada de cana-de-açúcar em 6.500 ha de terra. No mesmo período, sob a orientação da Academia de Máquinas Agrícolas de

Guangxi, o Departamento de Recuperação Agrícola de Guangxi também realizou experimentos de mecanização de cana-de-açúcar em larga escala na Fazenda Jinguang, em Nanning, na região de Guangxi. Atualmente, empresas e organizações influentes estão envolvidas na promoção da adoção da mecanização na indústria de cana-de-açúcar chinesa.

A vila de Shangtang, no condado de Wuxuan, Região Autônoma da Etnia Zhuang de Guangxi, tratores autônomos mantêm seu avanço constante pelos campos de cana-de-açúcar. Durante a temporada de aração da primavera, os agricultores, sentados atrás dos tratores de cana-de-açúcar autônomos, guiados pelo Sistema de Navegação por Satélite BeiDou (BDS), lançam sementes de cana-de-açúcar em intervalos regulares. Com a ajuda dos tratores automatizados, o processo de plantio, fertilização e cobertura morta pode ser concluído de uma só vez. Hoje, a semeadura de cana-de-açúcar é dez vezes mais eficiente do que antes. Com a ajuda do BDS, pode-se controlar o desvio das retas em até dois centímetros, bem como controlar a distância entre cada linha em até cinco centímetros, o que pode beneficiar a fotossíntese e a absorção de nutrientes e oxigênio na cana-de-açúcar. Antes, levava uma semana para plantar 20 mu (cerca de 1,33 hectares) de terra à mão, mas agora leva apenas um dia para terminar todo o trabalho. Além de equipamentos eficientes, sementes de cana-de-açúcar de qualidade também são cruciais para aumentar a produtividade. Na base de melhoramento da cooperativa, fileiras de cana-de-açúcar alta e espessa, prontas para a colheita, são da variedade de maturação precoce e alto teor de açúcar, introduzida pela academia regional de ciências para produzir oito toneladas por mu.

Em julho de 2024, um trator equipado com um robô inteligente entrou no campo de algodão em uma base de demonstração para agricultura de alta eficiência e economia de água da Xinjiang Tianye (Group) Co., Ltd. na cidade de Shihezi, Região Autônoma

Uigur de Xinjiang, noroeste da China. O robô inteligente de colheita removeu habilmente as pontas de algodão com seus braços mecânicos. Com a empresa sediada na Vila de Inovação de Yida, que oferece uma plataforma para inovação, a Shenzhen Weier Technology Co., Ltd. vem testando e aprimorando continuamente seus robôs nas plantações de algodão de Xinjiang há três anos. A tecnologia tem se tornado cada vez mais madura, com pedidos de operação deste ano ultrapassando 6.670 hectares.

Como uma importante área de plantio de algodão no país, Xinjiang já atingiu a mecanização completa em processos como semeadura, cobertura morta, irrigação e colheita. Uma pessoa pode cortar cerca de 0,27 hectares de um campo de algodão em um dia, enquanto um robô inteligente de corte de algodão pode trabalhar em cerca de 13,34 hectares em um dia, com uma eficiência de corte de 40 a 50 vezes maior que a do trabalho manual. Nos testes de campo de algodão, os robôs não só conseguem trabalhar em alta velocidade, 24 horas por dia e por um longo período, como também contam com recursos como partida com um único botão, corte em diferentes alturas, transporte e transferência convenientes, atendendo aos requisitos de potência para o trabalho de campo e reboque flexível. Os robôs também simulam ações manuais de desponta e realizam trabalhos que exigem alta precisão e alta eficiência, proporcionando uma desponta eficiente para grandes áreas de algodão.

A China está prestes a transformar completamente o mundo agrícola com seus robôs agrícolas de próxima geração. Um robô agrícola inteligente, desenvolvido por pesquisadores da Universidade Fudan, tem um sistema que integra diversas tecnologias avançadas, abrangendo áreas como percepção de visão 3D, navegação autônoma, tomada de decisão baseada em nuvem e aprendizado profundo de IA, num excelente exemplo de inteligência incorporada. Suas operações perfeitas são o resultado de quatro anos de desenvolvimento e quatro gerações de protótipos.

O robô multifuncional cuida de todo o processo de cultivo do tomate, incluindo polinização, poda de folhas, desbaste de frutos e colheita. Ao contrário dos dispositivos anteriores de função única, essa máquina "pensante" pode simular a percepção humana, a tomada de decisões e a execução de tarefas. Após quatro anos de desenvolvimento, a empresa evoluiu braços robóticos industriais para máquinas autônomas de quarta geração. O modelo atual coordena "olhos, cérebro, mãos e pés" e mantém mais de 90% de sucesso na polinização, mesmo em condições naturais desafiadoras. Um robô pode substituir seis trabalhadores. Atualmente está operando em uma fazenda do Bright Food Group em Chongming.

Um exemplo impressionante é o robô XAG R150, um veículo terrestre autônomo capaz de pulverizar, semear e até mesmo realizar análises de solo. Equipado com IA e sensores avançados, o R150 percorre os campos com precisão, garantindo que cada planta receba exatamente o que precisa. Outro destaque é o drone agrícola DJI Agras T30, capaz de pulverizar até 40 acres por hora. Com sistemas inteligentes de detecção e desvio de obstáculos, ele ajusta a quantidade de insumos aplicados de acordo com a necessidade da plantação, promovendo economia e sustentabilidade. Outro robô, o Harvest Robot, é projetado para colher frutas e vegetais com precisão cirúrgica. Utilizando câmeras de alta resolução e algoritmos de aprendizado de máquina, ele identifica frutas maduras e as colhe sem danificar as plantas. Empresas chinesas como a FarmFriend estão desenvolvendo sistemas robóticos para pequenas propriedades rurais, democratizando o acesso à tecnologia avançada. Isso significa que até mesmo agricultores em áreas remotas podem se beneficiar dessas inovações.

O pesquisador Tang Zhexiao aponta que "produtos não tripulados" são a tendência geral do desenvolvimento da indústria agrícola chinesa. Recentemente, um robô automático para colheita de uvas, capaz de colher um cacho de uvas inteiras a cada quatro segundos, foi exibido na 31ª Feira de Alta Tecnologia Agrícola de Yangling, na China. Com base na tecnologia de percepção inteligente de aprendizado profundo, esse robô pode ser usado em pomares com terrenos irregulares, economizando mão de obra e melhorando a eficiência da colheita. À medida que a integração de tecnologias modernas como IA, 5G e Big Data no setor agrícola se aprofunda, a infraestrutura agrícola também é constantemente atualizada para tornar o trabalho de campo mais eficiente. Por exemplo, o sistema de coleta e liberação de calor solar desenvolvido pela Universidade de Agricultura e Florestas do Noroeste está instalado em uma estufa, coletando calor durante o dia e liberando-o à noite, aumentando significativamente a temperatura do ar na estufa. Operando de forma estável em temperaturas de até -40°C, o sistema foi aplicado em 44.400 hectares em Shaanxi, Gansu, Henan e outras províncias da China, alcançando um valor total de produção de aproximadamente 5,5 bilhões de RMB. Em Shouguang, conhecida como "Cidade Vegetal Chinesa", o sistema de identificação e análise inteligente do comportamento agrícola 5G+ integra vídeo de alta definição 5G+ e tecnologia de reconhecimento de IA. Ele pode registrar e analisar o comportamento agrícola de forma automática e precisa, garantindo a conveniência e a eletronização dos registros de produção e fornecendo forte suporte para o estabelecimento de um banco de dados de indicadores de comportamento agrícola, a execução de serviços técnicos remotos e a supervisão de qualidade e segurança.

Em abril de 2025, uma parceria entre a startup chinesa Youibot e a Universidade Xi'an Jiaotong apresentou o robô humanoide Xunxiao, desenvolvido para trabalhar diretamente nas plantações. Ele participou em ação colhendo chá no sul do país, demonstrando habilidades que vão além da simples automação: ele se move como um humano, interage com o ambiente e executa tarefas agrícolas com surpreendente precisão. O robô foi visto usando um chapéu de palha e carregando uma cesta de bambu enquanto colhia brotos de chá frescos ao lado de fazendeiros humanos. Xunxiao usa IA avançada para identificar, selecionar e colher apenas os brotos de chá mais adequados para consumo, uma tarefa que exige delicadeza e atenção. Para isso, o robô conta com sensores altamente sensíveis nas mãos, capazes de interpretar texturas, formas e resistências das plantas com precisão quase humana. Essa tecnologia permite não apenas replicar movimentos humanos, mas também tomar decisões em tempo real com base em dados sensoriais complexos. O maior diferencial do Xunxiao é seu sistema de navegação capaz de gerar mapas tridimensionais do ambiente em que está localizado, o que permite a movimentação segura em terrenos irregulares, escadas e até mesmo entre grandes grupos de pessoas. Equipado com uma aparência antropomórfica completa — com cabeça, braços, pernas e até dedos articulados — Xunxiao representa um salto tecnológico para o setor agroindustrial. O lançamento do Xunxiao ainda é experimental, mas indica que a China está determinada a se tornar referência na aplicação de robótica de ponta na agricultura.

## 3.6. *E-commerce* agrícola

Fundada em Shanghai em setembro de 2015 por Colin Huang, a empresa Pinduoduo se destacou ao integrar redes sociais ao comércio eletrônico, permitindo que os usuários consigam descontos ao convidar amigos para comprar juntos. Seu fundador identificou que havia mais de 1 bilhão de pessoas ativas no WeChat (WhatsApp Chinês), mas que "apenas" 500 milhões dessas pessoas compravam online. Existia — e ainda existe — uma massa de pessoas digitalizadas e usando seus smartphones todos os dias, mas que não compravam nos canais digitais. Essas pessoas estavam em cidades menores da China, afastadas dos centros urbanos, com renda *per capita* e densidade demográfica menor — o alvo da Pinduoduo era exatamente essas pessoas, visando atender às necessidades da população comum, garantindo acesso a produtos essenciais, como papel higiênico e frutas frescas. Desde sua fundação, direcionou seu foco para ofertar produtos que aqueles 500 milhões de consumidores que não compravam online queriam comprar, basicamente produtos como hortifruti, itens de mercearia e itens para o lar, ao contrário dos seus principais concorrentes, que focam em eletrônicos, moda e demais categorias.

Apenas um mês após o lançamento de seu primeiro aplicativo em janeiro de 2016 (as transações anteriores eram via WeChat), a Pinduoduo já tinha mais de 10 milhões de clientes. Apenas quatro anos depois, a Pinduoduo cresceu para 585 milhões de compradores ativos. Para efeito de comparação, o Alibaba ultrapassou a marca de 500 milhões de compradores ativos 14 a 15 anos após o lançamento de seu *marketplace* voltado para o consumidor, em comparação com apenas quatro anos para a Pinduoduo.

Pinduoduo adotou uma abordagem sistêmica para lidar com questões inter-relacionadas em vários pontos da cadeia de valor agrícola, comprometendo recursos e investimentos substanciais para resolver problemas estruturais arraigados no setor. Suas iniciativas incluem a melhoria do acesso dos agricultores ao mercado e a formação de jovens talentos em comércio eletrônico, além da reformulação da infraestrutura logística intermediária para reduzir o desperdício, diminuir os custos e acelerar a entrega de produtos agrícolas. A Pinduoduo também trabalha com parceiros da indústria e universidades. No final de 2019, a empresa cobria quase todas as áreas de produção agrícola na China, com mais de 12 milhões de produtores agrícolas conectados diretamente ao seu mercado online, atendendo a mais de 700 milhões de consumidores.

O nome Pinduoduo vem de *pin* (juntos) e *duo* (muito). Em tradução livre, algo como "unindo muitas pessoas". Para conseguir viabilizar o atendimento de compradores potenciais com preços competitivos, era preciso ter volume, escala e frequência

— o segredo para isso foi desenvolver a plataforma em torno das compras em grupo. A plataforma cria e une grandes grupos de pessoas que desejam encomendar o mesmo produto. Com um grande número de compradores, ela encomenda produtos de fornecedores pelo preço de atacado. Essa ideia permite que pessoas com orçamento limitado economizem comprando com grandes descontos com a ajuda do Pinduoduo. O mais interessante é que todos se beneficiam disso, pois os compradores compram mais barato do que em qualquer outro lugar, a plataforma lucra com suas compras e o fornecedor coleta o número necessário de pedidos para poder oferecer o desconto. E, muitas vezes, esse número ultrapassa dezenas de milhares. Para habilitar o preço promocional, os compradores têm de formar "times" e esse é o gatilho para que eles compartilhem as ofertas nas suas redes sociais. O desconto nunca está habilitado por padrão, o usuário precisa criar ou estar em um "time" que tem um número predeterminado de pessoas (por exemplo: em uma oferta em que os times devem ser de 50 pessoas, ao formar essa quantidade o time é fechado e a venda é concretizada). Ao clicar em comprar, o usuário já paga pelo item pelo WeChat/AliPay, mas o produto só será enviado se o comprador conseguir formar um time ou entrar em algum já existente. A plataforma possui diversas funcionalidades para que aquela oferta possa ser divulgada nas redes sociais do usuário, convocando seus amigos e familiares para entrar nos times.

A plataforma vendia vegetais e frutas. O pico de vendas chegou a 1 milhão de pedidos. Depois, carnes e frutos do mar foram adicionados ao modelo de negócios. E mais tarde, tudo começou a ser vendido: de carros a guardanapos de papel. Desde 2020, a empresa começou a vender apartamentos, passagens de trem e avião na plataforma. Assim, os compradores ucranianos, por exemplo, podem encomendar qualquer produto da China: de gadgets a panelas.

Os usuários visitam o Pinduoduo sem nenhuma intenção específica, como se estivessem visitando um shopping center presencial. Em um shopping center, o tempo que um consumidor passa no local está diretamente relacionado à quantidade de compras que ele faz. Assim, o Pinduoduo gamificou a experiência para maximizar o tempo que um usuário passa no aplicativo, independentemente de fazer ou não uma compra. Os principais recursos/experiências que incentivaram o compartilhamento e o uso foram check-ins diários, descontos em preços, programas de cartão e minijogos. O primeiro jogo popular na Pinduoduo foi Duo Duo Orchard. Pense em Farmville, só que agora as recompensas são produtos físicos reais. O jogo é simples: um usuário cria e cultiva uma árvore frutífera virtual para, eventualmente, gerar uma caixa de frutas real enviada para o seu endereço.

A Pinduoduo encontrou espaço no *e-commerce* como uma nova plataforma focada em experiências de compras interativas e sociais online. A compra em equipe da Pinduoduo é frequentemente comparada à do Groupon nos EUA porque ambas permitem uma forma de compra em grupo. Mas os modelos são, na verdade, muito diferentes. Primeiro, as ofertas da Pinduoduo são criadas por vendedores, mas iniciadas pelos consumidores (ou seja, os usuários devem criar ou ingressar em um grupo de um determinado tamanho para acessar uma oferta), enquanto as ofertas do Groupon são criadas e gerenciadas pelos vendedores. Segundo, a compra em equipe da Pinduoduo é usada para produtos do dia a dia (por exemplo, frutas/vegetais, vestuário) que são valiosos para os consumidores, em vez de produtos/experiências pontuais que não venderam bem em outros lugares. Terceiro, os produtos na Pinduoduo são oferecidos por comerciantes geograficamente diversos de toda a China e, cada vez mais, de todo o mundo. Isso contrasta com os vendedores, em sua maioria locais, que utilizam o Groupon para direcionar os clientes às suas lojas/locais. Isso resulta em uma proposta de valor ao consumidor muito mais forte, já que os usuários obtêm descontos em produtos que talvez precisem comprar de qualquer maneira, em vez de deixar os vendedores ditarem os descontos agregando a demanda por produtos de baixo valor ou excesso de estoque.

O Pinduoduo integra consumo e entretenimento, proporcionando aos usuários uma experiência de compra divertida e acessível. A plataforma utiliza estratégias de gamificação e compras em grupo para oferecer produtos de qualidade a preços competitivos, atraindo consumidores que buscam bom custo-benefício. As ofertas são relâmpagos e o consumidor só tem 24 horas para comprar, o que gera um senso de urgência e uma alta frequência dentro da plataforma.

O crescimento do Pinduoduo expressa como melhorar a produtividade e aumentar o nível de digitalização em toda a cadeia de valor, da produção ao transporte e venda de alimentos. Trata-se de importante impulso da agricultura inteligente, ajudando a China a concretizar todo o potencial econômico dos vastos recursos agrícolas do país. Assim, por meio de sua plataforma de *e-commerce*, a empresa trabalha com agricultores de regiões carentes do país para vender seus produtos a consumidores urbanos.

Como maior produtora de pitaia da China, Guangxi é repleta de comunidades agrícolas. Em Long'an, Guangxi, os métodos agrícolas tradicionais significavam trabalho árduo para a população local, com a fertilização e a irrigação feitas manualmente. A relutância em adotar o estilo de vida tradicional, extenuante e de baixa renda, também levou ao êxodo de jovens do campo, deixando os moradores mais velhos para trás, com baixa renda e muito trabalho. Em 2015, os moradores de Long'an viam a produção de pitaia como um caminho a seguir. No entanto, apesar das condições e do clima adequados, faltavam-lhes a experiência e o conhecimento necessários para cultivar a fruta. Todos os campos viáveis estavam cobertos de ervas daninhas

— mais altas, aliás, do que as primeiras plantações de pitaia que os moradores plantaram. Em 2017, a Fazenda Jinfu lançou uma plataforma de nuvem para agricultura inteligente e implantou a solução FTTR da Huawei para construir uma rede óptica gigabit onipresente. Graças à alta largura de banda, baixa latência e conectividade altamente confiável, a Fazenda Jinfu conseguiu transformar seus métodos agrícolas, que antes exigiam muita mão de obra, em métodos digitais. O sistema integrado de fertilização e gerenciamento de irrigação irriga automaticamente até 900 acres de terra, liberando os fruticultores da necessidade de regar as árvores em barris sob o sol escaldante. Sensores monitoram regularmente as condições do solo, permitindo uma fertilização precisa que, por sua vez, reduz os custos com fertilizantes em quase US$ 1.000 por acre por ano. Para garantir as melhores condições de crescimento para a pitaia — de 6 °C a 35 °C —, o sistema automático de controle de temperatura pulveriza e resfria as árvores no verão. No inverno, aquecedores as mantêm na faixa ideal. Por fim, o sistema de rastreamento visualizado, alimentado por dispositivos de *backhaul* de vídeo, é capaz de monitorar o crescimento da fruta em tempo real. Graças à tecnologia, as árvores podem produzir frutos a cada dez meses, aumentando muito a produtividade anual. Com a rede gigabit, o diretor da Fábrica da Fazenda Jinfu, Ye Juhong, começou a transmitir ao vivo os produtos da fazenda em uma plataforma de *e-commerce*, aumentando significativamente o alcance e a velocidade com que a fruta chega aos consumidores. E com mais de 40 GB de dados gerados diariamente, a rede óptica gigabit migra rapidamente os dados para a nuvem, permitindo que os consumidores leiam códigos QR para ver onde a pitaia que compraram foi produzida, aumentando a confiança e a transparência. Em 2020, a fruta ocupou uma área de plantio de 23.000 hectares, representando 40% da capacidade de produção do país e duas em cada cinco unidades da fruta vendidas no mercado interno.

## 3.7. Sementes híbridas

O arroz é um dos alimentos básicos mais importantes para o povo chinês. O cientista chinês Yuan Longping, amplamente conhecido como o "pai do arroz híbrido", e sua equipe de pesquisa cultivaram com sucesso a primeira variedade de arroz híbrido de alto rendimento do mundo em 1973, que poderia aumentar a produtividade das colheitas em mais de 20%. Nascido na China pobre e atrasada (antes da fundação da RPC), Yuan testemunhou as trágicas imagens da fome quando jovem, o que o levou a pesquisar sobre o melhoramento genético do arroz na tentativa de resolver o problema da fome. A pesquisa histórica de Yuan começou com uma pesquisa de campo em 1964; após inspecionar 14.000 espigas de arroz, ele encontrou seis indivíduos machos estéreis e publicou essa descoberta dois anos depois. Inspirado pela heterose, ou vigor híbrido, encontrado no milho e no sorgo, Yuan acreditava firmemente que a heterose também seria identificada no arroz, embora essa ideia fosse contra a visão acadêmica dominante na época. A visão predominante era que "o arroz é uma planta autopolinizada; portanto, não haverá heterose". Mais tarde, Yuan usou de forma inovadora o "método de correspondência de três linhas" (tecnologia de arroz híbrido de primeira geração) para verificar a heterose no arroz e, posteriormente, desenvolveu um método de duas linhas que melhorou muito a eficiência do melhoramento genético do arroz e da produção de sementes (ou seja, uma linhagem masculina estéril genética fotoperíodo/termossensível; tecnologia de arroz híbrido de segunda geração) e arroz super híbrido (tecnologia de arroz híbrido de terceira geração). Graças à ideia genial de Yuan, "combinação de melhoramento morfológico e utilização da heterose", para o melhoramento genético de arroz híbrido de superalto rendimento em 1996, o Ministério da Agricultura da China aprovou formalmente o Programa de Melhoramento de Super Arroz da China, e um progresso considerável foi feito. No final da década de 1990, esse arroz híbrido alimentaria mais 100 milhões de cidadãos chineses. Em 2017, o arroz híbrido de Yuan representaria mais de 60% da produção de arroz do país e seria cultivado em mais de 60 países em todo o mundo. Isso contribuiu para uma redução significativa na subnutrição, isto é, o consumo alimentar habitual insuficiente para fornecer os níveis de energia dietética necessários para manter uma vida normal ativa e saudável.

Yuan fundou o Centro de Pesquisa de Arroz Híbrido de Hunan em 1984 para treinar e educar muitos cientistas de pesquisa de arroz. As conquistas da pesquisa de Yuan e sua equipe em arroz com baixo acúmulo de cádmio e arroz-do-mar, além do arroz híbrido, bem como as de um grande número de cientistas chineses envolvidos na pesquisa do arroz em outras seis áreas, incluindo o genoma do arroz, arroz com endosperma roxo, domesticação *de novo* do arroz tetraploide, arroz perene, brusone do arroz e genes-chave para alta eficiência no uso de nitrogênio. Yuan pode ter sido um dos primeiros geneticistas chineses que foi influenciado pela genética moderna. Ele atribuiu grande importância à aplicação da biologia molecular para melhorar a eficiência do melhoramento genético do arroz e participou do projeto chinês de sequenciamento do genoma do arroz.

Hoje, a China tem a maior equipe de cientistas do mundo estudando arroz; há pelo menos 50.000 cientistas em 3.000 laboratórios em todo o país envolvidos na pesquisa de arroz, contribuindo com mais da metade das publicações mundiais neste campo. Nas últimas cinco décadas, o arroz híbrido desenvolvido pela China foi promovido em uma área cultivada acumulada de 600 milhões de hectares em todo o país, ajudando a aumentar a produção total de arroz em 800 bilhões de kg. A China viu seu rendimento médio por mu (cerca de 0,067 hectares) de arroz por temporada aumentar de 170 kg durante as décadas de 1950 e 1960 para os atuais 470 kg. Atualmente, mais de 17 milhões de hectares de arroz híbrido são plantados na China a cada ano, ajudando a aumentar a produção de arroz em cerca de 2,5 milhões de toneladas e alimentando 80 milhões de pessoas a mais anualmente.

Ao contrário da revolução verde das tecnologias, a tecnologia de melhoramento biológico reduz os insumos de produção e, ao mesmo tempo, aumenta a produtividade. Por exemplo, o plantio industrializado de culturas geneticamente modificadas e resistentes a insetos reduziu significativamente a quantidade de pesticidas necessária, reduzindo, assim, a mão de obra necessária para a produção de pesticidas; a adoção de novas variedades geneticamente modificadas e resistentes a herbicidas substituiu parcialmente as técnicas artificiais de capina por pesticidas químicos.

O ano de 2021 marca o 20º aniversário da adesão da China à OMC, bem como a liberalização do mercado interno de sementes da China. Durante este período, a mercantilização de sementes alcançou grande progresso econômico. Em 2005, a China se tornou o segundo maior mercado de sementes do mundo, com um valor comercial de RMB 35 bilhões; o valor estimado do mercado interno de sementes da China era de US$ 9 bilhões em 2011 e US$ 19 bilhões em 2021 (USDA, 2022). Os enormes lucros em sementes mercantilizadas atraíram empresas de sementes nacionais e estrangeiras. Em 2000, o primeiro ano da liberalização do mercado de sementes (2000), mais de 2.300 empresas de sementes foram registradas na China. Os seis anos seguintes testemunharam o surgimento de mais de 6.000 empresas de sementes. Empresas estrangeiras de sementes chegaram à China antes da liberalização oficial do mercado. Com as condições favoráveis de entrada pós-2000, mais de 70 empresas estrangeiras de sementes investiram no mercado de sementes da China até 2010. Recentemente, as empresas de sementes da China também ganharam notável presença global. Em 2017, a ChemChina adquiriu a Syngenta, que já foi a maior empresa de pesticidas do mundo e a terceira maior do agronegócio de sementes, com a empresa combinada estando entre as quatro maiores corporações do agronegócio do mundo. A receita anual da ChemChina saltou de US$ 600 milhões em 2016 para US$ 6 bilhões em 2020. Em 2018, a empresa de sementes de arroz híbrido mais competitiva da China, a Longping High-Tech, também estava entre as dez maiores empresas de sementes do mundo, a caminho de se tornar uma das cinco maiores até 2025. Outro acordo de alto perfil foi a compra do negócio de sementes de milho da Dow Chemical no Brasil por US$ 1,1 bilhão pelo CITIC Agri Fund, que é associado à empresa de sementes Yuan Longping High-Tech Co Ltd. De acordo com declarações públicas da Dow na época, o acordo incluía centros de pesquisa de sementes e acesso ao banco de germoplasma de milho brasileiro da Dow AgroSciences. Empresas estatais de sementes também continuam a buscar ativos que se tornam disponíveis por meio de fusões internacionais, como a aquisição da Monsanto pela Bayer e a fusão da Dow com a DuPont.

Desde a liberalização, o mercado interno de sementes da China também testemunhou um número crescente de variedades de sementes certificadas em nível nacional ou provincial. A China promulgou sua Lei de Sementes em 2000 e a alterou em 2004, 2013, 2016 e 2021, respectivamente. Cada alteração trouxe regulamentações complementares sobre a certificação de sementes. Para sementes de arroz, 796 variedades foram certificadas entre 1977 e 1997; em comparação, 9.832 variedades foram certificadas nos 20 anos seguintes, principalmente após a comercialização das sementes; em particular, mais de 400 variedades de sementes foram certificadas anualmente desde 2005 e o número cresceu mais rapidamente desde 2014 com os canais de certificação mais recentes. As sementes de milho experimentaram dois aumentos marcantes — em 2000 e 2017 — em seu número de variedades certificadas anualmente; notavelmente, o número em 2017 é dez vezes maior que o de 2000.

Em 2011, o Conselho de Estado da China (2011) emitiu Sugestões sobre o Estabelecimento de uma Indústria Moderna de Sementes de Cultivo, sinalizando assim o início de uma série de esforços estatais para fortalecer o melhoramento de sementes e melhorar as capacidades de inovação agrícola do país. O Documento n. 1 do Comitê Central do Partido Comunista Chinês (*yihao wenjian*) em 2013 enfatizou "o fortalecimento das capacidades de inovação em ciência e tecnologia agrícolas, aumentando a proteção dos direitos de propriedade intelectual (DPIs) e implementando grandes projetos para o desenvolvimento da indústria de sementes". Os sete documentos anuais n. 1 seguintes continuaram com essa direção e visaram estabelecer um sistema de inovação para o melhoramento de sementes. Esse sistema deve desempenhar três funções interconectadas: coleta, preservação, identificação e uso de recursos de germoplasma; a proteção dos DPIs; e a cooperação entre melhoristas privados e públicos.

No nível nacional, o melhoramento genético de sementes tornou-se estrategicamente importante para a segurança alimentar da China. Durante a Conferência Central de Trabalho Rural de 2013, o presidente Xi Jinping declarou:

> Temos que nos decidir a impulsionar a indústria nacional de sementes, apressar-nos a criar variedades de sementes melhoradas com direitos de propriedade intelectual proprietários e garantir a segurança alimentar nacional desde a fonte (Qiushi 2021).

Desde 2020, as sementes têm sido enfatizadas como o "chip" para a agricultura. Durante a Conferência Central de Trabalho Econômico de 2020, o presidente Xi apelou à China para “enfrentar os problemas de “ponto de estrangulamento” (*qia bozi*) nos recursos de germoplasma. No ano seguinte foram aprovados os Planos de Ação para a Revitalização da Indústria de Sementes.

A construção de bancos de sementes tem sido acelerada desde 2021, quando a China iniciou sua campanha de fortalecimento da indústria de sementes. O Laboratório de Sementes da Baía de Yazhou, em Sanya, província de Hainan, no sul da China, foi estabelecido em maio de 2021. A base desempenha um papel significativo nos esforços da China para reforçar a segurança alimentar. O laboratório passou a ser conhecido como o “Vale do Silício” da indústria de sementes da China. O clima e os recursos biológicos de Hainan fizeram de Nanfan um importante centro nacional de propagação de sementes. Todo inverno, mais de 7.000 cientistas e trabalhadores agrícolas locais trabalham nos centros de Nanfan. Mais de 70% das 7.000 variedades de culturas do país foram cultivadas na província insular tropical, que está construindo um centro global de recursos. O melhoramento genético de sementes na base de melhoramento de Nanfan, continua a prosperar, com um valor de produção superior a 10 bilhões de yuans (US$ 1,39 bilhão) em 2023.

A China é o segundo maior mercado de sementes do mundo, com um valor de mercado de 120 bilhões de yuans (US$ 16,3 bilhões), de acordo com um relatório de 2021 publicado pelo Ministério da Agricultura. A indústria de sementes é um recurso nacional considerado estratégico. Sem uma indústria de sementes independente, essencial para aumentar a produção de alimentos e garantir a segurança alimentar, não há agricultura forte, dizem especialistas agrícolas chineses.

Na China, o milho híbrido compreende mais de 95% do cultivo de milho, e a demanda anual por sementes híbridas é de aproximadamente 1,1 bilhão de kg. A produção de sementes de milho híbrido de alta qualidade é uma das bases de uma agricultura moderna chinesa. Na Zona de Demonstração Industrial de Alta Tecnologia Agrícola de Yangling, a plataforma de diagnóstico molecular de alto rendimento pode gerar cerca de 400.000 pontos de dados por dia, pois cada ponto de dados representa uma característica específica de um segmento particular de DNA em uma semente de milho. No passado, os especialistas em melhoramento precisavam coletar as características desejadas no campo, o que levaria muito tempo e, às vezes, exigiria uma safra inteira para reunir os dados necessários. Agora, pode-se levar apenas uma ou duas semanas para obter as características desejadas ou algumas de suas características por meio de nossos marcadores moleculares, o que acelera muito nosso processo de cultivo e melhora a velocidade de reprodução.

Os chineses chamam as sementes de "chips da agricultura". Existe uma necessidade urgente de aumentar a competitividade da indústria de soja chinesa e promover a autossuficiência da indústria de sementes em ciência e tecnologia. A China possui vantagens em tecnologia de melhoramento para arroz, trigo e algumas variedades exclusivas, mas o nível de produtividade das variedades de soja ainda precisa ser aprimorado, sendo necessários mais esforços para impulsionar a inovação em tecnologias de melhoramento de ponta.

Graças ao vasto território e à diversidade climática, muitos ingredientes, como caviar, *foie gras*, azeitonas e nozes de macadâmia, encontraram na China as condições ideais de cultivo. Ao alavancar seus pontos fortes na produção em larga escala, o país tornou-se um ator fundamental na cadeia global de suprimentos de alimentos de luxo. É sabido que o caviar, as saborosas ovas do esturjão, é uma das maiores iguarias do mundo. No entanto, poucas pessoas sabem que a China responde atualmente por 60% da produção mundial de caviar, tornando-se o maior produtor e exportador deste alimento gourmet. O Condado de Quzhou, na província de Zhejiang, no leste da China, é um polo chinês de caviar. É lá que se encontra a Kaluga Queen, marca líder de caviar na China, que se mantém como campeã global de vendas há 10 anos consecutivos. O caviar Kaluga Queen foi exportado para 46 países, incluindo França, Alemanha e Estados Unidos. Para a produção de caviar, a qualidade é sempre primordial. A criação de esturjões exige paciência e perseverança, pois o peixe geralmente leva de sete anos a duas décadas para amadurecer. Exige o espírito artesanal. O "Sturgeon No. 1", um híbrido desenvolvido pela empresa por trás do Kaluga Queen, produz ovas rechonchudas e elásticas, apreciadas pelos chefs Michelin. Para garantir uma produção eficiente, em larga escala e estável, a empresa utiliza drones com tecnologia de IA para a contagem de peixes, alcançando uma precisão de até 98%. Os vastos recursos de terra e água fria abundantes na China fornecem uma base para o cultivo em larga escala, permitindo que o país obtenha vantagens de preço.

Outro exemplo são as nozes de macadâmia, também conhecidas como nozes havaianas, originárias da Austrália, mas trouxeram fortuna para muitos agricultores chineses. Essas nozes foram introduzidas na China pela primeira vez na década de 1990, quando mais de 400 mudas foram plantadas no montanhoso condado de Yongde, na cidade de Lincang, província de Yunnan, no sudoeste da China. Com uma temperatura média anual de 19° C e mais de 2.000 horas de sol por ano, Lincang proporcionou um ambiente ideal para o crescimento dessas nogueiras. Após mais de 30 anos de cultivo, avanços tecnológicos e desenvolvimento industrial, Lincang tornou-se a maior base de produção de macadâmia do mundo. Possui uma área de plantio de 2,63 milhões de mu (cerca de 175.000 hectares), o que representa 40% do total global, com uma produção anual de 109.000 toneladas. Recentemente, as "nozes de Lincang" foram adicionadas à lista de proteção de produtos de indicação geográfica da China. Isso marca a transformação das nozes de macadâmia de uma iguaria estrangeira em uma especialidade local, elevando-as ao status de um produto agrícola premium da China. Em 2024, a indústria de nozes criou empregos para 216.400 famílias em Lincang, beneficiando 744.500 pessoas locais e oferecendo uma renda média de 4.432 yuans por pessoa. Além disso, a cadeia industrial se estendeu para campos de alto valor agregado, como óleo de frutas e cosméticos, com o valor de produção abrangente ultrapassando 10 bilhões de yuans em 2024.

A China realiza experimentos com mutagênese espacial desde 1987 e é o único país do mundo a utilizar a técnica de forma consistente. Enviar sementes para viagens curtas ao espaço ajuda os cientistas a desenvolver novas variedades de culturas que podem prosperar em climas em mudança e ajudar a alimentar a crescente população mundial. Desde então, realizou dezenas de missões para levar sementes de culturas para a órbita. Existe um número crescente de novas variedades de importantes culturas alimentares que estão sendo cultivadas em naves e estações espaciais enquanto orbitam nosso planeta. Lá, elas são submetidas à microgravidade e bombardeadas por raios cósmicos, que provocam mutações nas plantas — um processo conhecido como mutagênese espacial.

Cientistas chineses lançaram a primeira cultura espacial — um tipo de pimentão chamado Yujiao 1 — em 1990. Comparado às variedades convencionais de pimentão cultivadas na China, o Yujiao 1 produz frutos muito maiores e é mais resistente a doenças. Trata-se apenas de uma das mais de 200 variedades de culturas modificadas espacialmente criadas na China nos últimos 30 anos. Além do trigo, cientistas chineses produziram arroz, milho, soja, alfafa, gergelim, algodão, melancias, tomates, pimentões e outros tipos de vegetais criados no espaço. Embora algumas das mutações impeçam as plantas de crescer, outras podem ser vantajosas. Algumas se tornam mais resistentes e capazes de suportar condições de cultivo mais extremas, enquanto outras produzem mais alimento a partir de uma única planta, crescem mais rápido ou requerem menos água. Quando trazidas de volta à Terra, as sementes dessas plantas criadas no espaço passam por uma triagem cuidadosa e por melhoramento genético para criar versões viáveis de culturas populares.

A ascensão da China como potência espacial global nas últimas décadas permitiu-lhe enviar milhares de sementes para a órbita. Em 2006, o país enviou para a órbita o maior lote de sua história — mais de 250 kg (551 libras) de sementes e microrganismos de 152 espécies — a bordo do satélite Shijian 8. Em maio deste ano, 12.000 sementes, incluindo diversos tipos de grama, aveia, alfafa e fungos, retornaram de uma visita de seis meses à estação espacial chinesa Tianhe, como parte da missão tripulada Shenzhou 13. Os chineses até enviaram um lote de sementes de arroz para uma viagem lunar de ida e volta com a missão Chang'e-5, que colocou um módulo de pouso na superfície da Lua em novembro de 2020. De acordo com notícias chinesas, essas sementes de arroz lunar produziram grãos com sucesso em laboratório após seu retorno à Terra. As sementes são enviadas em viagens que duram de apenas quatro dias a vários meses. Nesse ambiente incomum, uma série de mudanças pode ocorrer em sementes e plantas. Primeiro, a radiação solar e cósmica de alta energia pode danificar o material genético das próprias sementes, levando a mutações ou aberrações cromossômicas que são transmitidas às gerações futuras. O ambiente de baixa gravidade também pode levar a outras mudanças. Plantas que germinam e são cultivadas em microgravidade apresentam mudanças no formato das células e na organização das estruturas dentro das próprias células. Os cientistas buscam mudanças que resultem em frutos maiores, menor necessidade de irrigação, melhores perfis nutricionais, resistência a altas e baixas temperaturas ou resiliência a doenças. Em alguns casos, mutações raras podem levar a avanços na produtividade ou na resiliência das culturas.

## 3.8. Agricultores profissionais de novo tipo

Os recursos humanos são de extrema importância para a revitalização rural da China. Com a urbanização, a migração rural-urbana significou a queda dos níveis de mão de obra rural, a perda de terras agrícolas e a redução da produtividade agrícola, fatores que dificultaram o desenvolvimento da agricultura moderna na China. A escassez de mão de obra nas áreas rurais é um grande problema atualmente, pois muitos agricultores chineses, especialmente os jovens, migram para as cidades e vilas, deixando o campo habitado em grande parte por idosos, mulheres e crianças. Tornou-se crucial treinar a força de trabalho rural para que se tornem agricultores profissionais modernos, com conhecimento, qualificação e domínio das mais recentes técnicas de gestão agrícola.

Atualmente, autoridades locais em toda a China estão emitindo novas políticas e medidas para incentivar os agricultores a estudar tecnologias. A província de Shandong lançou um sistema de avaliação de títulos profissionais para agricultores profissionais, e Kunshan, na província de Jiangsu, oferece ensino superior gratuito para agricultores profissionais. Na província de Gansu, estão sendo lançadas sessões de treinamento para chefes de cooperativas profissionais e coordenadores de prevenção de epidemias animais, em um esforço para levar tecnologias às terras agrícolas e encontrar soluções para os problemas agrícolas. As políticas e os serviços de apoio introduzidos pelo governo catalisam o surgimento desses agricultores profissionais, pois os centros de serviços locais oferecem a eles pacotes de políticas favoráveis, incluindo transferência de terras, suporte tecnológico, seguro agrícola e empréstimo inicial.

A China está fazendo todo o possível para promover uma classe de "novos agricultores profissionais" para habitar casas de fazenda nas áreas rurais do país, se tornando líderes ou funcionários-chave de fazendas familiares, cooperativas de agricultores ou empresas agrícolas. A China vem fomentando "Agricultores Profissionais de Novo Tipo" (*"xinxing zhiye nongmin"*) desde a década de 2010. Atualmente, existem mais de 17 milhões de agricultores de alto nível trabalhando no campo para prosperar as regiões rurais.

Alguns são trabalhadores migrantes que retornam à sua aldeia natal após perderem seus empregos na cidade ou porque não têm acesso equitativo aos serviços públicos básicos na cidade, onde os migrantes "precisam se registrar no governo local para receber um cartão de residência e poder aproveitar os serviços públicos e benefícios sociais, como assistência médica" (Chang, 2015). Retornando à sua comunidade natal, eles buscam oportunidades para iniciar seu próprio negócio local (administrando uma fazenda ou uma cooperativa) lá. *Os quadros da aldeia* fazem parte da governança da aldeia local chinesa; seus membros são eleitos pelos moradores. Seu papel é liderar e administrar as aldeias para melhorar a produção e os padrões de vida dos agricultores locais e promover a construção de uma economia rural socialista sob propriedade coletiva. Quadros de estudantes universitários de aldeias, veteranos, trabalhadores camponeses que regressam às suas cidades natais e quadros reformados em todo o país também desempenharam um papel ativo na manutenção de cooperativas e tornaram-se uma nova fonte de líderes de cooperativas. Os jovens nascidos nas décadas de 1980 e 1990 referem-se a si próprios como "camponeses" por meio de várias denominações: jovens que regressaram à terra (*fanxiang qingnian* 返鄉青年), estudantes que regressaram à terra (*fanxiang daxuesheng* 返鄉大學生), novos agricultores (*xin nongren* 新農人), meio-camponeses-meio-X (*bannong bancha* 半農半×), praticantes de agroecologia (*shengtai nongye shijianzhe* 生態農業實踐者) ou empreendedores sociais (*shehui qiyejia* 社會企業家).

Essa nova geração de agricultores tem áreas de especialização que incluem habilidades de outras áreas ocupacionais, como tecnologia da informação (que lhes permite, por exemplo, monitorar seus campos usando drones), economia (por exemplo, tino empreendedor que lhes permite, por exemplo, comercializar seus produtos online), etc. Essas são habilidades que os agricultores tradicionais provavelmente não possuem, daí a referência a "novos" agricultores. Os novos agricultores profissionais emergentes na China formam um subconjunto de novos agricultores em todo o mundo que, embora se beneficiem de certas vantagens, também enfrentam desafios ao ingressar no setor agrícola. Comparados aos seus antecessores, os novos agricultores são tipicamente mais jovens, mais instruídos, mais empreendedores e mais receptivos às novas demandas sociais, frequentemente adotando abordagens agrícolas inovadoras. Eles são oficialmente definidos como agricultores com habilidades profissionais cuja renda principal provém da produção de produtos agrícolas para venda. Ao contrário dos agricultores convencionais, que produzem principalmente alimentos para subsistência ou semissubsistência, são frequentemente se dedicam à agricultura comercial. Na prática, a maioria se especializa na produção de tipos específicos de produtos agrícolas (por exemplo, morango, mirtilo, uva, etc.) para venda, com destaque para as cadeias de suprimentos curtas no comércio eletrônico. Muitos também estão envolvidos no impulso da China para a agricultura orgânica, que levou ao surgimento de parques de ecoagricultura que utilizam biofertilizantes e práticas orgânicas. Em 2023, a China tinha mais de 1,2 milhão de hectares de terras agrícolas orgânicas certificadas, com a meta de aumentar esse número em 50% até 2030.

## 3.9. Biofertilizantes

Na China, a produção de grãos aumentou mais de três vezes de 1960 a 2014, mas essa produção consome quase um terço do uso global anual de fertilizantes de Nitrogênio. A enorme quantidade de N que foi jogada em corpos d'água na China permaneceu no solo ou foi perdida para a atmosfera por meio da volatilização de amônia ou nitrificação-desnitrificação, criou um ciclo vicioso instável e, portanto, prejudicou o desenvolvimento de maior sustentabilidade ambiental. Alcançar a produção de culturas verdes é fundamental para enfrentar os desafios de garantir a segurança alimentar e a proteção ambiental. Insumos verdes e gestão verde são precondições de um sistema de produção de culturas verdes. Isso consiste no desenvolvimento de novas variedades de culturas, novos fertilizantes e pesticidas verdes, estabelecendo um sistema de gestão integrado solo-cultura e projetando sistemas de cultivo com rotação e consórcio para alcançar a intensificação sustentável na produção de alimentos com alto rendimento, alta eficiência no uso de recursos e resiliência ambiental.

A China é o maior usuário de fertilizantes do mundo. A poluição por fertilizantes na agricultura chinesa é significativamente grave e a aplicação excessiva de fertilizantes é muito comum. Desde 2015, o governo chinês introduziu uma série de políticas para reduzir o uso de fertilizantes químicos, uma das quais é o teste de solo e a tecnologia de fertilização formulada. Testes de solo e fertilizantes de campo podem efetivamente evitar insumos excessivos de nitrogênio, fósforo, potássio e outros elementos formulando fertilizantes de acordo com as categorias de culturas e condições do solo.

A redução de custos e o aumento dos benefícios da análise de solo e da tecnologia de fertilização formulada estão relacionados à escala da operação. Dentro de uma escala específica, a probabilidade de os agricultores adotarem a análise de solo e a fertilização aumenta à medida que a área de operação aumenta. A probabilidade de adotar a análise de solo e a tecnologia de fertilização formulada aumenta com a escalada da operação.

A produção agrícola não só fornece proteção básica para a humanidade, mas também produz uma grande quantidade de resíduos de materiais orgânicos. A situação é mais grave hoje em dia devido ao rápido crescimento populacional e econômico, o que levou a um aumento na capacidade de produção de resíduos agrícolas. Além disso, para atender às demandas de uma população crescente, a produção pecuária e agrícola aumentou drasticamente, o que levou ainda mais à geração de resíduos agrícolas. No entanto, a maioria deles não é efetivamente descartada ou utilizada, o que causou uma série de problemas de poluição ambiental e se tornou uma questão ecológica e ambiental global espinhosa.

A agricultura biológica, um novo modelo que utiliza a biotecnologia moderna para aumentar a eficiência da produção e a sustentabilidade da agricultura tradicional, é tanto uma posição estratégica elevada na competição agrícola internacional quanto um setor crucial para a bioeconomia da China. Nos últimos anos, abordagens biotecnológicas modernas, como engenharia genética, engenharia de proteínas, engenharia enzimática, engenharia de fermentação e biotecnologia sintética, fizeram certo progresso no desenvolvimento de novas variedades de fertilizantes de alto rendimento, eficiência de qualidade e ecologicamente corretos, rações saudáveis e verdes, bem como pesticidas seguros com poucos resíduos.

A utilização de recursos de resíduos agrícolas é um meio importante para resolver o problema, especialmente para a China, um dos países com a maior produção agrícola e população. Estima-se que a produção anual de resíduos de palha seja de até

900 milhões de toneladas, das quais cerca de 30% não são utilizadas. A produção anual de esterco de gado e aves é de até 3,8 bilhões de toneladas, com uma taxa de utilização abrangente de menos de 60%. Além dos resíduos comuns, como resíduos de colheitas e esterco animal, a diversificação da produção agrícola na China também produziu uma variedade de outros resíduos orgânicos, como resíduos de cogumelos, resíduos de biogás e resíduos de vinho. Esses diferentes tipos de resíduos agrícolas não são usados adequadamente, resultando também em uma série de problemas de poluição ambiental. Enquanto isso, esses resíduos orgânicos agrícolas são ricos em matéria orgânica e uma variedade de nutrientes, como nitrogênio, fósforo e potássio. Portanto, os resíduos agrícolas, quando usados como material orgânico agrícola, desempenharão um papel importante na melhoria da qualidade dos produtos agrícolas, da qualidade do solo e na substituição de fertilizantes químicos.

Considerando que existem enormes reservas de nutrientes em resíduos orgânicos na China, incluindo cerca de 30 bilhões de kg de nitrogênio (N), 15 bilhões de kg de fósforo (P2O5), 30 bilhões de kg de potássio (K2O), etc., as práticas, por exemplo, aterro e queima, podem perder a chance de reciclar os nutrientes e ameaçar gravemente a qualidade do ar ambiente, solo e água. Em comparação, a compostagem é um processo de biodegradação dinâmico sob condições aeróbicas controladas, durante o qual a matéria orgânica é convertida em melhoradores de solo seguros, estabilizados e ricos em húmus e fertilizantes orgânicos. Portanto, a compostagem é vista como um método eficaz, de fácil operação e econômico, com reciclagem de nutrientes na maior extensão para gerenciar resíduos orgânicos sólidos.

Devido à grande quantidade de perda de nitrogênio da produção agrícola e à dificuldade de controlá-la, desde 2015, diferentes níveis do governo chinês implementaram muitas regulamentações, ou seja, ajustes na estratégia de aplicação de fertilizantes para reduzir a perda de nitrogênio. Portanto, várias pesquisas sobre estratégias de aplicação de fertilizantes com diversas escalas agrícolas foram realizadas na cidade de Jinting, distrito de Wuzhong, na cidade de Suzhou, de 2015 a 2023. A cidade de Jinting está localizada no lago Taihu. É composta por um grupo de ilhas lacustres de água doce, tendo a agricultura como sua principal indústria. Para reduzir ainda mais a perda de nutrientes da produção agrícola, em 2021, os governos da cidade introduziram separadamente políticas para subsidiar fertilizantes orgânicos na cidade de Jinting, em um esforço para aumentar a taxa de substituição de fertilizantes orgânicos por fertilizantes químicos, reduzindo os preços de compra de fertilizantes orgânicos. Após dois anos desde a implementação dos subsídios, a quantidade de fertilizantes orgânicos comprados na cidade de Jinting aumentou significativamente.

## 3.10. Agricultura urbana e vertical

Nos últimos anos vem crescendo o interesse na agricultura urbana e vertical na China devido a preocupações com a segurança alimentar. O governo chinês desempenha um papel fundamental na promoção da agricultura vertical. Fornece apoio financeiro por meio de subsídios e fundos, assistência técnica e estabelece parques tecnológicos agrícolas para inovação. Documentos de políticas como o Plano Estratégico de Revitalização Rural enfatizam o desenvolvimento da agricultura urbana moderna, indicando forte apoio governamental.

A China pesadamente investe em tecnologias avançadas, como irrigação automatizada, iluminação inteligente e sistemas de fertilização de precisão para aumentar a eficiência e reduzir custos. Além disso, há um foco na integração de fazendas verticais com o planejamento urbano, onde as fazendas são localizadas em centros urbanos ou projetadas para fazer parte da arquitetura urbana.

A Vertical Farm Beijing é uma estufa de 3.500 metros quadrados na entrada do campus da CAAS, no centro de Pequim. Ela oferece uma solução na forma de horticultura empilhada em um espaço compacto — um novo tipo de edifício para cultivo profissional com acessibilidade a um público amplo que celebra o papel central da alimentação na cidade. Distribuída em três andares, a Vertical Farm Beijing foi projetada para exibir uma variedade de métodos diferentes de cultivo vertical e áreas de demonstração, interligados por uma rota educacional para visitantes. A estufa é organizada em torno de um átrio de altura total, por onde os visitantes entram, que foi ajardinado com grandes árvores frutíferas e é dominado pelas áreas de plantio verticais em forma de prateleiras do espaço ao redor. No primeiro e segundo andares, frutas, bagas e vegetais folhosos são cultivados sob luzes LED roxas, que dão ao edifício um brilho característico à noite. A água usada para irrigar e regar as plantas é reciclada e reutilizada, enquanto o controle de temperatura é fornecido passivamente por meio de resfriamento evaporativo e luz solar.

A Beijing AgriGarden Protected Horticulture Technology Co., fundada em 2002, é uma das primeiras empresas do setor no país a utilizar a agricultura vertical. Localizada no Parque Nacional de Inovação em Ciência e Tecnologia Agrícola, na região de Zhongguancun, a empresa conta com laboratórios de mudas, áreas de plantio para agricultura vertical, salas de reuniões ecológicas e escritórios de jardinagem. Uma oficina no parque, que cultiva pepinos em uma área de mais de 1.000 m², alcança uma produção de mais de 200 kg. Quatro variedades de tomate-cereja produzem uma produção anual de 20 kg por m², enquanto os morangos plantados na fazenda apresentam uma produtividade muito superior aos métodos tradicionais de plantio. Em uma estufa de vidro, um braço robótico transporta mudas de vegetais individualmente para um suporte de 19 níveis com iluminação LED a uma altura de 13,5 metros. Ao longo de 28 dias, as mudas são cultivadas em soluções nutritivas nos suportes até amadurecerem. A colheita de uma única safra só pode ser realizada uma ou duas vezes por ano no plantio em campo, mas no laboratório de estufa é possível colher 12 vezes por ano, já que os vegetais amadurecem a cada 28 a 30 dias. O último plano da AgriGarden era a criação de pequenas fazendas verticais em estações de metrô, para que, quando os passageiros terminarem o trabalho, possam escolher vegetais e levá-los diretamente para casa, em vez de comprar aqueles transportados de mercados a centenas de quilômetros de distância. Dessa forma, os custos de logística serão economizados e os moradores poderão obter vegetais realmente frescos.

Uma das maiores fazendas vertical na China é a Torre Jian Mu em Shenzhen, projetada com 218 metros de altura e para usar 10.000 metros quadrados com o cultivo em ambientes fechados. Essa quantidade de espaço rende quase 300.000 quilos de safras por ano, o que significa que seria capaz de alimentar cerca de 40.000 pessoas. Este deve ser um dos maiores avanços na agricultura vertical e em muitas outras práticas agrícolas. A torre não foi projetada apenas para ser uma fazenda, mas um centro de experimentos para técnicas como sombreamento solar e controle de microclima.

A China lançou a maior fazenda vertical do mundo, a primeira "fábrica autónoma de vegetais" na cidade de Chengdu, capital da província de Sichuan. Num edifício de 20 andares, com grandes prateleiras verticais e centenas de painéis de LED. Pode-se combinar diferentes quantidades de luzes vermelhas, azuis, amarelas, quase ultravioletas e quase infravermelhas durante diferentes estágios do ciclo de vida da planta, com um banco de dados de 1.300 combinações para 72 tipos de culturas. As fazendas internas podem "produzir" vegetais mais rapidamente, independentemente do ambiente circundante. Ela utiliza 16 robôs com procedimentos totalmente automatizados e pode cultivar e colher uma colheita de alface em apenas 35 dias, graças a um sistema de controle baseado em IA que pode ajustar a quantidade de luz e fertilizantes fornecidos às plantas.

Em 2023, cientistas chineses colocaram em operação a maior fazenda vertical não tripulada do mundo na província de Sichuan. A fazenda urbana de 20 andares, construída sob a supervisão da CAAS, utiliza uma série de tecnologias de ponta — incluindo variedades de culturas cultivadas de forma autônoma, um sistema de cultivo tridimensional vertical, um sistema automático de fornecimento de nutrientes, iluminação artificial de baixo consumo de energia que emula condições naturais e um sistema de controle baseado em IA — para garantir uma produção estável em espaços verticais. Sem ser afetada por restrições climáticas e geográficas, a unidade de Chengdu pode produzir uma colheita de alface a cada 35 dias sob condições ambientais controladas. Outras folhas verdes, frutas e cogumelos comestíveis também podem ser produzidos em larga escala na fábrica vertical, de acordo com a mídia estatal. Essa tecnologia, sem restrições de terra, espaço e condições climáticas, regula com precisão a luz e os nutrientes, induzindo a floração precoce e promovendo o rápido crescimento das culturas, encurtando significativamente o ciclo de crescimento da cultura. É possível colher mais de 10 safras de vegetais por ano. A fazenda também pode atuar como um acelerador de reprodução, encurtando o tempo de reprodução de plantas de trigo, algodão e soja em pelo menos 50%, disseram os pesquisadores, economizando mais recursos no processo de reprodução.

A carne suína é um alimento de grande importância econômica, cultural e política na China. Hoje, nenhum país consome mais carne suína do que a China, que consome metade da carne suína do mundo. Os preços da carne suína são monitorados de perto como medida de inflação e cuidadosamente administrados pela reserva estratégica de carne suína do país, um estoque de carne do governo que pode estabilizar os preços quando o estoque estiver baixo. De fato, o termo "segurança alimentar" no contexto chinês pode ser descrito mais simplesmente como "segurança do arroz" + "segurança da carne suína".

Considerando a importância da carne suína na dieta chinesa e suas implicações para a segurança alimentar nacional, o governo chinês adotou uma política agressiva desde 2007, com o objetivo de modernizar as unidades de produção de suínos por meio da integração vertical e da ampliação da produção, a fim de controlar a qualidade e reduzir custos. Instrumentos políticos relevantes incluem subsídios específicos e isenções fiscais, além de sistemas públicos para monitorar as tendências do mercado de suínos e estabilizar os preços. A área de produção de suínos da China consiste em seis distritos/categorias principais — os cursos médio e baixo do Rio Yangtze (incluindo as províncias de Sichuan, Hubei, Hunan, Jianxi, Jiangsu, Zhejiang e Anhui); norte da China (incluindo as províncias de Shanxi, Shandong e Henan); nordeste da China (incluindo as províncias de Liaoning, Jilin e Heilongjiang); sudeste da China (incluindo as províncias de Fujian, Guangdong, Guizhou e Hainan); municípios (Pequim, Tianjin e Xangai); e outras áreas (incluindo as 10 províncias restantes).

Enormes construções altamente automatizadas introduzem novas tecnologias à criação, com suínos monitorados e técnicos uniformizados. Essas construções surgiram em todo o país como parte do esforço de Pequim para aumentar sua competitividade agrícola e, por mais incrível que pareça, o projeto está se tornando realidade em diferentes províncias. Trata-se de uma nova criação de suínos na China, onde as terras agrícolas são escassas, a produção de alimentos é lenta e o fornecimento de carne suína é um imperativo estratégico. E grandes fazendas de suínos têm surgido em todo o país nos últimos anos, destacando as ambições da China na agricultura inteligente.

Nos arredores de Nanyang, uma cidade no sudoeste da China que fica a cerca de 400 quilômetros de Wuhan, um condomínio de 21 prédios é a maior "fazenda vertical de porcos" do mundo. Em prédios de até 13 andares, a produção de suínos ocorre em escala industrial. À medida que os leitões crescem e engordam, eles mudam de andar, subindo e descendo em um elevador. A alimentação é automatizada, com robôs de limpeza de esterco e câmeras infravermelhas para detectar qualquer mudança de temperatura nos animais que possa indicar risco de doenças. A fazenda da empresa Muyuan Foods é o principal exemplo de como os chineses pretendem repovoar rapidamente os cerca de 200 milhões de porcos que foram abatidos desde 2018 para controlar a peste suína africana, uma doença que não afeta humanos, mas que dizimou a produção na China e afetou os mercados agrícolas do mundo todo.

A Zhongxin Kaiwei Modern Farming, na província de Hubei, centro da China, cria suínos em um prédio de 26 andares com tecnologias avançadas e um sistema de controle central. A empresa terá 20.000 suínos reprodutores e poderá produzir de 600.000 a 1,2 milhão de suínos por ano. A unidade fica na cidade de Enzou, a cerca de 800 quilômetros a oeste de Xangai. Trata-se de uma instalação de US$ 500 milhões com 800.000 metros quadrados de área. É a maior granja de suínos com um único prédio do mundo, com capacidade para abater 1,2 milhão de porcos por ano. O design vertical da granja permite o uso eficiente do espaço, possibilitando abrigar um número significativo de suínos em um espaço relativamente pequeno. Sistemas de ventilação e controles de temperatura de última geração garantem condições ideais para os suínos, enquanto sistemas automatizados de alimentação e gerenciamento de resíduos aumentam a eficiência e reduzem a demanda por mão de obra. A operação emprega mais de 800 pessoas, o que significa que cada membro da equipe é responsável por aproximadamente 1.500 porcos de alta qualidade. Os animais são divididos em grupos e transportados para seus andares designados usando elevadores, iniciando seu ciclo de vida dentro dos arranha-céus. O ciclo começa na área de gestação, passa para a área de parição onde os leitões dão à luz e depois progride para a creche 23 dias após o nascimento. Todo o processo termina em uma área de criação onde os porcos são criados por seis a oito meses até estarem prontos para o mercado. O alimento para os animais é transportado até o telhado por meio de uma correia transportadora e depois distribuído andar por andar usando um sistema totalmente fechado. A configuração sofisticada garante que os porcos sejam banhados diariamente e alimentados precisamente com base em seu peso, raça e demandas do mercado. Ela também fornece um sistema dedicado de reciclagem de resíduos que ajuda a mitigar os problemas de odores e poluição ambiental típicos das tradicionais fazendas rurais de suínos. Os dejetos dos suínos são tratados e utilizados para gerar biogás, que pode ser utilizado para geração de energia e aquecimento de água dentro da granja. A produção de carne suína na China atinge cerca de 55 milhões de toneladas. Com 400 prédios como este, a China poderia administrar toda a criação nacional de porcos.

A China acumulou vantagens óbvias nas cinco principais tecnologias do setor — iluminação, sistemas de soluções nutritivas, monitoramento ambiental e controle de sistemas, equipamentos inteligentes como robôs e tomada de decisão inteligente baseada em computação e modelagem de IA. O país foi um dos primeiros a investir oficialmente nessas fazendas, em 2002, e sua popularidade tem aumentado constantemente desde então. Até o momento, já investiu em mais de 250 fazendas em todo o país. À medida que a urbanização avança e as mudanças climáticas impactam a produção de alimentos, abordagens inovadoras como a agricultura vertical devem criar um futuro mais resiliente e sustentável.

## 3.11. Estudo de caso: a produção inteligente de morangos

Em 2025, a área de cultivo de morango na China atingiu quase 200.000 hectares, ocupando o primeiro lugar no mundo. Como o maior produtor agrícola do mundo, a China tem uma área de cultivo de 44 hectares e um valor total de produção anual superior a 4 trilhões de yuans, respondendo por mais de 60% de toda a produção plantada.

A China fez progressos significativos no desenvolvimento de novas variedades de morango, pesquisa fundamental, inovação integrada em técnicas de cultivo e controle de pragas e doenças. A eficiência da produção e a qualidade dos morangos foram significativamente melhoradas com a promoção de tecnologias inteligentes de cultivo na China. E a indústria do morango impulsionou fortemente o desenvolvimento econômico regional e aumentou a renda dos agricultores.

Iniciando o cultivo de morangos há um século, a cidade gelada de Donggang, no nordeste do país, é hoje a maior base de produção e exportação de morangos da China. De acordo com o Departamento Agrícola e Rural de Donggang, a área de produção de morangos em Donggang atingiu 200.000 mu (cerca de 13.333 hectares), com uma produção anual de 300.000 toneladas.

Para Jiang Zhaotong, vice-diretor do Instituto de Pesquisa de Ciência e Tecnologia de Morangos de Liaoning, os morangos de Donggang são populares por seu formato rechonchudo e sabor doce, graças às condições naturais favoráveis ao plantio. Com a Montanha Changbai bloqueando o ar frio do norte e o Mar Amarelo trazendo o ar quente e úmido do sul, Donggang desfruta de um clima ameno em comparação com outras cidades do nordeste. Luz solar suficiente, chuvas e solo fértil rico em matéria orgânica tornam a cidade propícia ao cultivo de morangos de alta qualidade.

Novas aplicações tecnológicas também aumentaram a produtividade e a qualidade dos morangos. Por meio de um sistema inteligente de monitoramento de temperatura, os agricultores agora podem monitorar e controlar a temperatura dentro da estufa entre 5 e 28° C simplesmente por meio de seus smartphones. Com a adoção da IoT e outras tecnologias digitais, cada morango produzido por nossa empresa é rastreável. Quando os clientes escaneiam o código QR na caixa de morangos, informações como data de colheita, produtor, processo de cultivo e fertilização aparecem na tela do celular. Ao conquistar clientes internacionais, também se avançou com um rápido desembaraço aduaneiro que possibilitou que mais morangos Donggang fossem enviados ao exterior. A Alfândega de Donggang lançou um canal verde especial para o desembaraço urgente de morangos frescos, agilizando os procedimentos de declaração e inspeção para minimizar o tempo de desembaraço. Leva menos de meio dia para concluir o desembaraço aduaneiro.

Nos primeiros meses de verão, os morangos já estão amadurecendo nas estufas do Parque Agrícola e Industrial de Xinfeng, em Liaocheng, na província de Shandong, no leste da China. Essa colheita antecipada deve, em grande parte, ao uso inovador de calor residual para aquecer estufas de vidro. Esse método não apenas prolonga uma temporada de colheita em quatro meses, como também permite que os agricultores levem seus produtos ao mercado um mês antes do habitual. Os avanços recentes em tecnologia agrícola desempenharam um papel significativo nessa transformação. Liaocheng está na vanguarda da integração de tecnologia da informação avançada para aprimorar a precisão e a sustentabilidade ambiental da gestão agrícola. Essa abordagem integrada inclui o uso da IoT, análise de Big Data, IA e tecnologia Blockchain.

Uma das inovações mais notáveis do Parque Industrial Agrícola de Xinfeng é o aproveitamento de calor residual para aquecimento de estufas. Esse método prolonga eficazmente a estação de cultivo, permitindo o cultivo de morangos muito além da temporada tradicional ao ar livre. Uma estação prolongada não só aumenta o volume da colheita, como também melhora a qualidade do produto, já que um ambiente de estufa controlado pode reduzir os riscos de condições climáticas adversas. A integração de dispositivos IoT permite o monitoramento em tempo real de diversos parâmetros ambientais, como temperatura, umidade e umidade do solo. Esses sensores fornecem aos agricultores dados precisos, permitindo-lhes tomar decisões informadas sobre supervisão, fertilização e controle de planejamento, otimizando assim o uso de recursos e minimizando o desperdício. A análise de Big Data reforça ainda mais essa abordagem à agricultura de precisão. Ao analisar dados de diversas fontes, os agricultores podem prever a produtividade das colheitas, identificar problemas potenciais antes que se agravem e adaptar suas práticas para melhorar a produtividade e a qualidade. A tecnologia Blockchain fornece transparência e rastreabilidade em toda a cadeia de suprimentos. Ao registrar cada transação e etapa do processo em um livro-razão inviolável, os consumidores ganham confiança na origem e na qualidade dos morangos que compram. Essa transparência também ajuda produtores e distribuidores a manter altos padrões e cumprir os requisitos regulatórios. A introdução dessas tecnologias avançadas nas práticas agrícolas de Liaocheng demonstra uma abordagem inovadora à agricultura. Ao prolongar a temporada de colheita de morango e melhorar a eficiência operacional, os agricultores podem aumentar sua renda e, ao mesmo tempo, levar produtos de alta qualidade ao mercado.

Na parte sudoeste da província de Shandong, no leste da China, fica o condado produtor de grãos de Juancheng. Lá foi criado um parque industrial de morango. Na base de mudas de morango, os morangos são dispostos ordenadamente em fileiras e, sob o toque suave da luz solar, suas folhas se estendem em uma vegetação exuberante. Enraizadas no solo fértil umedecido pela água do Rio Amarelo e prosperando no momento e local favoráveis, essas mudas de morango são extraordinárias. Por meio de um modelo inovador de cooperação, recursos como terras, fundos e mão de obra foram integrados, levando a uma ampla plataforma de desenvolvimento para a indústria de mudas de morango na cidade. Com o modelo de desenvolvimento de "parque industrial, cooperativas e agricultores", os agricultores investem em ações por meio de transferência de terras e participam da gestão de investimentos, compartilham os dividendos do desenvolvimento industrial, enquanto as cooperativas desempenham um papel de coordenação, com gestão unificada, construção de estufas e orientação sobre técnicas de plantio e vendas de produtos.

Na cidade de Beiyang, em Taizhou, existe um método inovador no cultivo de morangos está remodelando a paisagem na Fazenda Lyuwochuan. Os morangos da fazenda são cultivados em prateleiras suspensas no ar, permitindo o controle preciso da exposição à luz por meio do ajuste de elevação. Toda a estufa é gerenciada pela IoT, com sensores espalhados por todo o ambiente monitorando condições ambientais como temperatura e umidade. Os morangos pendurados no alto são mais fáceis de serem manuseados pelos trabalhadores e de serem colhidos pelos visitantes. Pratica-se o cultivo sem solo, totalmente automatizado por computadores. Esse método elimina as restrições do solo e reduz os riscos associados a metais pesados, produtos químicos, resíduos de pesticidas e ovos de insetos nocivos, aumentando a produtividade em mais de três vezes em comparação aos métodos tradicionais. Esse modelo inovador de cultivo foi adotado em mais de 10 províncias do país, com 24 bases de cultivo já em operação.

Uma fazenda vertical de morangos em Ulanqab, localizada no pitoresco coração das pastagens da Mongólia Interior e se estende por 5.000 metros quadrados, fundada pela 4D Bios. A Mongólia Interior fica no norte da China e é rica em carvão, energia eólica, energia solar e outros recursos, proporcionando uma vantagem única para o setor energético. Além disso, possui a terceira maior rede elétrica da China — a Rede Elétrica de Mengxi. Nos últimos anos, com o apoio de políticas governamentais, algumas instalações modernas de horticultura foram construídas aqui; a fazenda vertical de morangos da 4D Bios é uma delas. Até o momento, a 4D Bios investiu dezenas de milhões anualmente em pesquisa e desenvolvimento e detém mais de 130 patentes em todo o mundo, demonstrando um alto nível de inovação. Em relação às fazendas verticais em Ulanqab, ao simular condições ideais, é possível controlar meticulosamente fatores-chave como temperatura, umidade, iluminação, suprimento de nutrientes e concentração de dióxido de carbono, estabelecendo um ambiente de crescimento de alta produtividade para as plantas de morango durante todo o ano. De acordo com a empresa, estima-se que a produção anual da base exceda 180 toneladas métricas, com rendimentos de morangos de qualidade por acre até 15 a 25 vezes maiores do que o cultivo tradicional ao ar livre.

Uma fazenda com tema de morango na Vila Tangqi, Distrito de Linping, Hangzhou, onde os morangos não são cultivados no solo, mas caem do teto como uma "cachoeira rosa", criando um "mundo de conto de fadas" surreal. Apelidado de "Cachoeira de Morangos Celestiais", esse inovador sistema de cultivo vertical viralizou, atraindo multidões ávidas para colher morangos, tirar fotos e mergulhar no caprichoso espetáculo agrícola. A fazenda utiliza tecnologias de ponta, como sistemas de cultivo suspensos sem solo e plataformas inteligentes de IoT, permitindo o monitoramento e o ajuste em tempo real da temperatura, umidade e níveis de nutrientes por meio de um aplicativo de smartphone. Essa combinação de agrotecnologia e estética transformou o local em uma sensação primaveril, simbolizando a fusão da agricultura moderna com o turismo experiencial. A combinação de conveniência e gastronomia tornou a fazenda incrivelmente popular, gerando quase 200.000 yuans (US$ 27.630) em um único dia. O design inovador da fazenda também a ajudou a viralizar online.

A província de Jiangsu, no leste da China, desenvolveu vigorosamente sua indústria de morangos, contribuindo para o movimento de revitalização rural do país. De acordo com o Departamento Provincial de Agricultura e Assuntos Rurais de Jiangsu, até o final de 2024, Jiangsu tinha quase 300.000 mu (20.000 hectares) de plantações de morango, produzindo mais de 500.000 toneladas de morangos, ocupando o quarto lugar no país em termos de escala de produção. Estão envolvidas 130 famílias no cultivo de mudas de morango, adicionando mais de 11 milhões de yuans à sua renda anual. Iniciando com 120 mu de plantações de morangos espalhadas há 18 anos, a vila de Xinmin, distrito de Yandu, cidade de Yancheng, em Jiangsu, agora abriga um moderno parque de demonstração da indústria agrícola, com mais de 3.200 mu. A renda líquida *per capita* anual da vila aumentou de 19.000 yuans (cerca de US$ 2.617) inicialmente para 45.000 yuans no ano passado. Foi construída uma moderna estufa de morangos do parque de demonstração. Com 8 metros de altura, ela conta com um sistema de plantio vertical, tratamento biológico de pragas, sistemas integrados de irrigação e fertilizantes para as raízes e tubulações de aquecimento elétrico. Cada mu de estufas tradicionais de morango rende cerca de 2.000 quilos e rende em média 35.000 yuans, enquanto as modernas produzem quase 3.500 quilos, com uma renda de até 50.000 yuans por mu. As prateleiras para morangos têm altura ajustável, então colher morangos é como pegar itens de uma prateleira de supermercado. O parque de demonstração produz cerca de 40 toneladas de morangos por dia, sendo 30% vendidos por meio da colheita turística. A vila recebe quase 100.000 turistas nesta temporada de colheita. Além disso, a vila está cooperando com a Academia de Ciências Agrícolas de Jiangsu no desenvolvimento de novas variedades de morango.

Todo janeiro, mais de 3.000 toneladas de morangos no distrito de Jinshan estão prontas para a colheita. O Festival do Morango de Jinshan vai de janeiro até março. Os visitantes podem colher, saborear e comprar morangos frescos e suculentos nos oito pomares do distrito. Os preços variam de 30 yuans (US$ 4,80) a 40 yuans por 500 gramas. Cada 667 metros quadrados de morangos podem gerar cerca de 20.000 yuans (US$ 3.218) em receita, com os agricultores obtendo um lucro de 10.000 yuans. Os visitantes urbanos podem visitar o Centro de Pesquisa e Desenvolvimento de Morangos de Jinshan, onde podem ter uma aula sobre o cultivo de morangos com agricultores e, em seguida, colher algumas frutas. O centro prepara 5.000 minivasos de morango para quem quiser cultivar a fruta em casa. São realizadas aulas para crianças sobre como cultivar morangos em casa. Trata-se o solo e as sementes com antecedência e, com regas diárias regulares, os pés de morango são muito fáceis de manusear em casa. Os agricultores começaram a cultivar morangos no distrito há mais de 30 anos e, desde então, a área total de plantio aumentou para 167 hectares. Fertilizantes orgânicos são usados com uma combinação de polinização artificial e por abelhas. Inicialmente, os agricultores cultivavam morangos individualmente, mas com o tempo toda uma indústria de morangos surgiu no distrito. Uma fábrica de processamento produz geleia de morango, morangos secos, vinho de morango e recheios de morango para diversos bolos e doces.

A área de plantio de morangos no condado de Changfeng, em Hefei, província de Anhui, no leste da China, atingiu 210.000 mu (14.000 hectares), com uma produção anual de 360.000 toneladas de morangos em 2024. O valor da produção de toda a cadeia produtiva do morango no condado ultrapassa 11 bilhões de yuans (US$ 1,52 bilhão). Nos últimos anos, Changfeng impulsionou a escala e a força da indústria do morango, alavancando suas vantagens ecológicas. O condado formou uma cadeia abrangente da indústria do morango, que inclui o cultivo de novas variedades, a produção de mudas, o plantio, a venda e experiências de colheita própria, contribuindo para aumentar a renda dos agricultores e promover a revitalização rural. O município de Shuihu arrecadou 120 milhões de yuans em fundos governamentais destinados à agricultura e às áreas rurais para implementar diversos projetos relacionados à indústria do morango. Desenvolveu diversas empresas de processamento de morango, lançando as bases para a expansão da cadeia produtiva do morango. Cerca de 185.000 agricultores em Changfeng estão envolvidos no cultivo de morangos, com a indústria do morango beneficiando mais de 360.000 pessoas. Desde 2016, são testados vários canais de comércio eletrônico, incluindo lojas online e o WeChat, para vender morangos. O município de Shuihu criou uma empresa de gestão da cadeia de suprimentos em novembro de 2024 e estabeleceu um centro de comércio eletrônico de morangos. Foram instalados 60 pontos de coleta nas principais áreas de produção de morango da Changfeng, alugando 11 veículos de logística e formando uma equipe para auxiliar os produtores de morango com a embalagem, a coleta e o envio. De novembro de 2024 até abril de 2025, o centro de e-commerce processou 150.000 encomendas. O centro fez uma parceria com a gigante chinesa de entregas SF Express e outras empresas de entrega para reduzir os custos de logística para os produtores de morango.

## 3.12. Turismo rural

Em 2016, a China anunciou várias medidas para desenvolver o turismo em áreas rurais pobres. A ação faz parte da estratégia do país para erradicar a pobreza até 2020. Entre 2016 e 2020, os distritos pobres com pontos turísticos passaram a ter infraestrutura e instalações de serviço público aprimoradas com o apoio de bancos. O Banco Citic da China emprestou 200 bilhões de yuans, a moeda oficial chinesa (US$ 29,4 bilhões) para financiar os principais projetos de construção de atrações turísticas em áreas rurais pobres.

A China tem avançado estavelmente na revitalização rural integral e agora emitiu o "documento central nº 1" para 2025 para revelar mais medidas de apoio. Entre diversas medidas, destacam-se o crescimento de novos modelos de negócios nas regiões rurais e o desenvolvimento do turismo rural, pois a demanda do consumidor por paisagens idílicas e costumes populares está aumentando.

O desenvolvimento da infraestrutura turística na China tem sido impressionantemente estratégico. O Aeroporto Internacional Daxing em Pequim, por exemplo, é uma maravilha da engenharia moderna com capacidade para atender 72 milhões de passageiros anualmente, facilitando significativamente o acesso ao país. Em paralelo, a extensa rede de trens de alta velocidade da China, que se estende por mais de 40.000 quilômetros, conecta diversas regiões, diminuindo drasticamente o tempo de viagem e aumentando o conforto dos visitantes.

Atualmente na China, o turismo rural não só proporciona às pessoas um lugar para lazer e férias, como enriquece também as opções de passeios de um dia. Em resposta à nova procura de consumo turístico, várias regiões lançaram um lote de rotas de turismo rural para explorar este setor.

Na vila de Sanhe, no distrito de Xindu, cidade de Chengdu, província de Sichuan, saindo da estrada principal, tendas brancas escondem-se entre as folhas verdes, e uma fileira de casas esféricas chamam a atenção. A vista das casas esféricas é ótima, e elas precisam de ser reservadas com vários dias de antecedência. A vila de Sanhe tem feito uma grande aposta no desenvolvimento do turismo rural. A vila integrou 63 recursos florestais, introduziu 24 projetos culturais e criativos de música e cinco casas de família boutique, realizando atividades como o "Festival de Música do Céu Estrelado" e o "Festival de Música Folclórica". A média da afluência turística ronda supera agora anualmente os 200.000 turistas, impulsionando o consumo, o qual se traduz em mais de 30 milhões de yuans. Nos últimos anos, graças às vantagens de mercado e vitalidade industrial emergente, o turismo rural alcançou resultados na promoção do emprego dos aldeões, melhoria do nível de vida, construção de aldeias digitais e melhoria das infraestruturas.

A província de Guizhou, aproximadamente do mesmo tamanho do Uruguai e com 38 milhões de habitantes, é famosa na China por seu relevo complexo: montanhas e colinas ocupam 92,5% de seu território. Essa geografia é um dos fatores que dificultam o desenvolvimento da província. Em 2023 foi classificada como a quarta província chinesa com menor renda *per capita*, com 54.236 yuans (7.490 dólares, 7.100 euros). Mais de uma década atrás, as autoridades começaram a incluir o turismo como uma tática importante na campanha contra a pobreza, uma das principais políticas do presidente chinês Xi Jinping. Guizhou foi identificada pelas autoridades como uma região com potencial para desenvolvimento turístico graças a paisagens naturais como as Cataratas de Huangguoshu, a maior cachoeira da China, e a Caverna Shuanghedong, com 400 quilômetros de extensão. Além disso, a presença de 17 minorias étnicas, como Miao e Dong, com suas tradições, arquitetura e festivais, faz da província um dos destinos turísticos mais populares da China, com 1,284 bilhão de visitas em 2023, de acordo com as autoridades, injetando uma energia tremenda na economia local.

A província de Gansu tinha testemunhado crescimento notável no turismo rural em 2024, de acordo com o Índice de Desenvolvimento do Turismo Rural, revelado durante um relatório conjunto da Departamento Provincial de Cultura e Turismo de Gansu, Serviço de Informação Econômica da China e filial de Gansu da Agência de Notícias Xinhua, que destacou o papel crescente da província como um principal destino de viagem rural no oeste da China. Os dados revelaram que Gansu recebeu 176 milhões de turistas rurais em 2024, marcando um 15.07% de aumento ano a ano. A receita do turismo aumentou para 55.3 bilhões de yuans (US$ 7.64 bilhões), refletindo um 14.78% de aumento do ano anterior. Essas estatísticas reforçaram a posição de Gansu como um dos mercados de turismo rural de crescimento mais rápido da China. Nos últimos cinco anos, Gansu colocou o turismo rural no centro da sua estratégia económica, usando-o como um principal motor para o alívio da pobreza e a revitalização rural. Como uma das mais regiões geograficamente diversas, Gansu ofereceu uma ampla gama de experiências de turismo rural, atraindo visitantes interessados em história, cultura e viagens de aventura. A província foi o lar de destinos icônicos como as Cavernas Mogao em Dunhuang, o Passo Jiayuguan na Grande Muralha e o deslumbrante relevo Zhangye Danxia. Além dessas atrações bem conhecidas, Gansu também vem desenvolvendo novas rotas de turismo rural, incentivando os visitantes a explorar aldeias menos conhecidas, antigas rotas comerciais e comunidades agrícolas tradicionais. Esses esforços faziam parte de um plano mais amplo de estratégia nacional para promover a diversificação económica rural e o turismo sustentável.

Em Xinjiang, cachos de uvas suculentas se espalham orgulhosamente por sua vasta plantação em Turpan. Entre a Montanha Flamejante e riachos borbulhantes, os vinhedos são o cartão de visita da cidade, uma das maiores regiões produtoras de uvas e uvas passas da China. A região produz 52,84% das uvas de Xinjiang, respondendo por mais de um quinto da produção de uvas da China. Turpan possui mais de 38.000 hectares de vinhedos e mais de 500 variedades de uva, com mais de 1,2 milhão de toneladas de uvas cultivadas em 2020. Hoje, Turpan não é famosa apenas por suas frutas deliciosas, mas também por seu próspero comércio eletrônico, eventos culturais com temática de uvas e turismo ecológico, além de sua crescente indústria vinícola.

A falta de tecnologias agrícolas modernas por muito tempo prejudicou o negócio de uvas de Yunus. Décadas atrás, as uvas em Turpan eram cultivadas de forma muito primitiva e de baixa produtividade. As folhas e as videiras cresciam e se espalhavam de forma desordenada, enquanto as uvas se comprimiam umas contra as outras e apodreciam facilmente. A situação começou a mudar quando as autoridades de Turpan introduziram variedades melhoradas e tecnologias modernas aos moradores locais na década de 1990, criando novos híbridos entre variedades estrangeiras e uvas locais. Em poucos anos, mais de 500 variedades de uva foram cultivadas em Turpan, enquanto Yunus, que se juntou a grupos de estudo organizados pelas autoridades locais, tornou-se especialista no cultivo da Centennial Seedless, uma variedade americana de uva doce.

Transmissões ao vivo ajudaram na promoção das uvas. Com o auxílio do comércio eletrônico, as uvas frescas de Turpan agora são vendidas em todos os cantos da China e até no exterior, gerando uma renda maior para os moradores locais. Devido à falta de publicidade e de serviços logísticos modernos, os viticultores locais costumavam secar suas uvas frescas para transformá-las em passas mais baratas, pois elas podem ser conservadas por mais tempo. Agora, graças ao streaming online, podemos ajudar os moradores locais a vender suas uvas frescas a um preço mais alto. Hoje, graças à conveniência proporcionada pelo sistema rodoviário, as uvas de Turpan podem ser enviadas para Xi'an em 36 horas. De Xi'an, as uvas podem ser despachadas para qualquer canto da China em um dia, proporcionando a viticultores como Yunus um mercado maior para seus produtos.

Além da indústria vinícola, Turpan também se esforçou para integrar sua cultura vinícola ao turismo local, como forma de aumentar a renda dos moradores locais. No resort de férias da vinícola Huoshanhong, 192 cabanas de carvalho em formato de barril estão agora abertas ao público, com uma pintura única da natureza e dos locais históricos de Turpan em cada quarto. O crescente setor de turismo cultural atraiu mais de 620.000 turistas para Turpan durante o feriado de cinco dias do Dia do Trabalho em 2021, um aumento de 36,59% em relação a 2020. Turpan conta atualmente com 467 pousadas e 31 hotéis-boutique. Seu setor de turismo cultural já gerou empregos para mais de 80.000 moradores, muitos dos quais de famílias de baixa renda.

O remoto condado de Menglian, na província de Yunnan, é conhecido como a "Cidade do Abacate" da China. Em Menglian, o abacate é apreciado de diversas maneiras, como o típico leite de abacate, iogurte, café com abacate, abacate com wasabi e molho de soja, abacate frito e ensopado de frango com abacate. Alguns restaurantes até oferecem banquetes de abacate, com oito pratos com a fruta.

Em Menglian, os abacates passaram de uma novidade importada a uma especialidade local graças às vantagens naturais da região e aos esforços colaborativos do governo local, empresas e agricultores. Em 2007, Qi Jiazhu, gerente geral da Pu'er Green Bank Biological Co., começou a pesquisar locais adequados para o cultivo de abacate na China. Após estabelecer campos experimentais nas províncias de Guangdong, Hainan e

Yunnan, bem como na Região Autônoma de Guangxi Zhuang, a pequena cidade de Menglian surgiu como o local mais promissor. Menglian e Uruapan, em Michoacán, México, a principal região produtora de abacate do mundo, estão quase na mesma latitude e têm climas muito semelhantes. As temperaturas adequadas de Menglian, a abundância de chuvas e a topografia cárstica única correspondem à preferência do abacate por umidade sem alagamento.

"Mesmo durante períodos de seca, o Rio Nanlei, que atravessa a cidade de Mangxin, em Menglian, garante que os abacates recebam irrigação natural. Desde 2007, foram testadas mais de 100 variedades de abacate do mundo todo em Menglian. Após oito anos de testes, sua equipe selecionou 12 variedades promissoras, mas principalmente Hass. Em 2015, começou o plantio em larga escala começou em Menglian. No entanto, promover o cultivo em larga escala de uma fruta exótica desconhecida entre os moradores locais não foi fácil. O modelo de colaboração criado, desenvolvido pelo governo local e empresas, conta com um mecanismo de divisão de lucros onde os agricultores contribuem com terras para uma parcela de 30%, as empresas fornecem mudas e tecnologia para outros 30%, e as empresas de gestão estatais, cooperativas de aldeias e coletivos de aldeias detêm os 40% restantes. Este modelo garante que os agricultores recebam uma parte dos lucros e garante uma renda mínima de 300 yuans por mu (0,06 hectares) de terra durante os três primeiros anos sem colheita. Isso também significa que a empresa e a comunidade da aldeia compartilham os riscos com os agricultores. À medida que mais moradores testemunharam os benefícios do cultivo de abacate, a participação aumentou.

Hoje, Menglian se transformou na Cidade do Abacate da China, produzindo cerca de 80% dos abacates do país e substituindo 15% dos importados. Segundo dados da Alfândega Chinesa, em 2023, a China importou mais de 65.626 toneladas métricas de abacates, no valor aproximado de US$ 151 milhões, de nove países, incluindo Peru, Chile, Quênia e México. As três principais regiões provinciais de importação de abacates foram Xangai, Guangdong e Zhejiang.

A indústria de abacate em Menglian agora sustenta 11.000 famílias e 35.000 pessoas, mais de um quarto da população do condado. Suas plantações de abacate cobrem 118.900 mu, que produzem 19.500 toneladas da fruta e geraram cerca de 680 milhões de yuans em receita em 2023. Em comparação com os abacates importados, os nacionais têm uma vantagem devido à sua maior porcentagem de matéria seca. À medida que a porcentagem de matéria seca em um abacate aumenta, também aumenta seu teor de óleo. Mais óleo resulta em um sabor mais rico.

Os abacates importados são colhidos com 50% a 60% de maturação para suportar a longa jornada das Américas até a China, que leva cerca de um mês. Quando chegam aos consumidores, eles já foram coletados das árvores entre 50 dias e 2 meses. Em contraste, os abacates domésticos em Menglian são frequentemente colhidos com 80% a 90% de maturação ou totalmente maduros. Isso resulta em um teor de matéria seca mais alto, geralmente superior a 25%. Essa qualidade de amadurecimento na árvore confere aos abacates domésticos uma vantagem significativa no mercado.

Diversos canais, como comércio eletrônico, supermercados e atacadistas, estão sendo aproveitados para garantir que seus abacates cheguem às principais cidades, incluindo Pequim, Xangai e Guangzhou e Shenzhen, na província de Guangdong, dentro de 72 horas após a colheita. Em 2021, os abacates da Menglian estrearam em 18 lojas da Freshippo, a rede de alimentos frescos do Alibaba. Em novembro de 2022, a primeira “vila Freshippo” de abacates foi inaugurada em Mangxin, tornando-se a única vila desse tipo na China, apesar de sua localização remota. A parceria com a Freshippo ajuda a Menglian a se beneficiar e a desenvolver uma cadeia de suprimentos nacional de abacates maduros nacionais.

O turismo relacionado ao abacate em Menglian também está ganhando atenção. Em outubro de 2023, a cidade sediou seu primeiro Festival do Abacate, com 119.300 visitantes durante o feriado de uma semana do Dia Nacional, gerando uma receita de 106,88 milhões de yuans. Foram estabelecidos dois pomares de abacate que integram agricultura com turismo, lazer e experiências de bem-estar. Também estão em andamento planos para desenvolver uma cidade com temática de abacate em Mangxin.

A crescente indústria do abacate atraiu jovens de volta a Menglian, oferecendo oportunidades de emprego que rivalizam com as das áreas urbanas. A indústria do abacate proporcionou mais de 10.000 oportunidades de emprego para a comunidade local em 2023, especialmente durante a temporada de colheita, que dura de quatro a cinco meses, com salários diários variando de 100 a 120 yuans. Atualmente, 3.000 famílias em Mangxin cultivam abacates em 30.000 mu de terra, aumentando a renda familiar média em mais de 6.000 yuans. O condado pretende plantar 100.000 mu de abacates, impulsionar o cultivo e produzir 100.000 toneladas de abacates frescos anualmente, sendo 40.000 toneladas para processamento. O município está trabalhando na construção de um parque de processamento avançado para produtos de alta qualidade, como óleo e purê de abacate, ampliando a cadeia produtiva e agregando valor.

# 4. Desafios da agricultura inteligente chinesa

## 4.1. Novas forças produtivas de qualidade no desenvolvimento agrícola

A China não é um país com insegurança alimentar atualmente. O recente aumento nas importações de produtos agrícolas (principalmente produtos de baixo valor) é causado por mudanças estruturais na agricultura doméstica. Além disso, a China exporta produtos agrícolas de alto valor, como vegetais, frutas, produtos de aquicultura, ervas, chá, tabaco, nozes, etc. O cenário agrícola na China está evoluindo, passando de um foco exclusivo no cultivo de alimentos para um portfólio diversificado, incluindo hortaliças, frutas, pecuária e avicultura. Essa diversificação aumenta a resiliência do setor agrícola, mitigando os riscos associados à dependência de um único setor.

A China é um país com área de terra arável muito limitada, mas precisa alimentar grande parte da população do mundo. Durante décadas, as áreas rurais da China se basearam predominantemente em práticas agrícolas tradicionais, incluindo métodos convencionais de plantio e melhoramento genético, caracterizados por baixo conteúdo tecnológico e baixa eficiência produtiva. Essa dependência resultou em um crescimento econômico rural lento e impôs desafios significativos ao desenvolvimento sustentável da agricultura. Essas questões restringiram o avanço econômico da agricultura e das áreas rurais, tornando-as incapazes de atender às crescentes demandas da população por uma melhor qualidade de vida. Consequentemente, é de fundamental importância avaliar cientificamente a qualidade e a produtividade emergentes da agricultura e das áreas rurais, analisar minuciosamente suas características evolutivas e mecanismos de condução e explorar estratégias de desenvolvimento eficazes.

Sob as restrições naturais da alta densidade populacional, a China só pode desenvolver um modelo agrícola sustentável com agricultura intensiva e manutenção sustentável dos recursos. O desenvolvimento agrícola e rural desempenha um papel importante na manutenção da estabilidade social a longo prazo. Portanto, o governo chinês atribui grande importância ao desenvolvimento agrícola. No modelo tradicional de desenvolvimento agrícola, a poluição por emissão de pesticidas, fertilizantes e resíduos da pecuária é grave. Em meio às pressões dos altos custos dos insumos, poluição e consumo, a agricultura enfrenta problemas cada vez mais graves, como degradação ecológica, má gestão de recursos e preocupações com a qualidade e a segurança dos produtos agrícolas. Esses desafios têm impulsionado uma mudança na trajetória de desenvolvimento da agricultura da China.

Um importante conjunto de estudos recentes foca no papel único que o Estado desempenhou na transição agrária da China, apontando para sua alta capacidade de implementar programas de desenvolvimento rural, construir infraestrutura rural e criar mercados "reais" (Zhang, 2013; Hayward, 2017; Zhan, 2019; Zhang; Zeng, 2021). Análises enfatizam a importância de redes de transporte eficientes para facilitar a participação de pequenos agricultores em "mercados camponeses" (van der Ploeg *et al.*,

2022), bem como sua subsunção e integração aos mercados globais de commodities (Zhang; Zeng, 2021). Esses relatos demonstram que o destino da agricultura de pequenos agricultores na China é determinado tanto pelas prioridades do Estado quanto pela "lógica do capital".

Desde o 18º Congresso Nacional do Partido Comunista da China, a China tem enfatizado a modernização da agricultura e das áreas rurais, implementado uma série de implementações importantes, como a China digital, a agricultura digital e a revitalização rural, e promovido a integração da tecnologia digital com o desenvolvimento agrícola e rural. Para tanto, foram promulgadas uma série de documentos de políticas para orientar o desenvolvimento da agricultura digital, incluindo o "Esboço da Estratégia de Desenvolvimento de Vilas Digitais" e o "Plano de Agricultura Digital e Desenvolvimento Rural (2019-2025)". O "Documento Central nº 1" para 2023 estipulou os requisitos gerais e os arranjos específicos para acelerar a construção de uma potência agrícola e também forneceu orientação estratégica para a modernização agrícola da China. A economia digital tornou-se um novo motor para aliviar o problema do desenvolvimento agrícola e rural desequilibrado e insuficiente.

A combinação da tecnologia digital e da produção agrícola pode promover a mecanização, a automação e a inteligência da produção agrícola, bem como a modernização dos métodos de produção agrícola. Além disso, equipamentos e tecnologias digitais inteligentes são predominantes no campo agrícola, o que é propício ao monitoramento em tempo real e ao controle preciso do processo de produção agrícola. Isso promove tanto as operações refinadas de todas as facetas da produção agrícola quanto a conservação de água e energia na produção agrícola. Também leva à redução e à aplicação sensata de elementos petroquímicos, como pesticidas e fertilizantes. Isso melhora a eficiência da produção agrícola e a qualidade dos produtos agrícolas, ao mesmo tempo que protege o ambiente ecológico rural. Finalmente, o uso generalizado de tecnologias de informação de ponta em regiões agrícolas e rurais, como Big Data, computação em nuvem e IA, aumentou a autonomia do agricultor, levando a melhorias significativas no governo rural e aumentando a eficácia dos serviços públicos. Integrar essas novas tecnologias com a produção agrícola e pecuária será essencial para o desenvolvimento da agricultura inteligente.

Em setembro de 2023, Xi Jinping introduziu inicialmente o conceito de "nova produtividade de qualidade" durante a sua visita a Heilongjiang. Posteriormente, em dezembro do mesmo ano, a Conferência Central de Trabalho Econômico sublinhou a necessidade de impulsionar a inovação industrial por meio de avanços científicos e tecnológicos, particularmente alavancando tecnologias disruptivas e de ponta para fomentar novas indústrias, metodologias e impulso, fomentando assim o cultivo de novas forças produtivas de qualidade.

Em março de 2024, durante a Segunda Sessão do 14º Congresso Nacional do Povo, realizada em Pequim, foi feita uma proposta para "promover vigorosamente a construção de um sistema industrial modernizado e acelerar o desenvolvimento de novas forças produtivas de qualidade", marcando a primeira inclusão de "novas forças produtivas de qualidade" no relatório de trabalho do governo. Essas forças não apenas revolucionaram a indústria e os serviços, mas também penetraram nos setores agrícola e rural, impulsionando significativamente o desenvolvimento agrícola de alta qualidade. Historicamente, os avanços agrícolas têm se baseado em avanços na inovação científica e tecnológica. Por exemplo, a ampla adoção de máquinas agrícolas movidas a vapor e motores de combustão interna durante a Primeira Revolução Industrial, com o desenvolvimento da tecnologia moderna de melhoramento genético e fertilizantes enraizada na teoria evolucionária, na doutrina da dominância híbrida e na genética, catalisou um progresso agrícola substancial. Atualmente, a nova revolução tecnológica e a transformação industrial aceleraram o surgimento de nova produtividade agrícola. A proliferação contínua de tecnologias inovadoras em informação, biologia, energia e materiais, aliada à sua ampla integração na agricultura e em todas as indústrias, ampliou o escopo da mão de obra agrícola, expandiu os limites da produção e estabeleceu uma base sólida para o desenvolvimento agrícola de alta qualidade. Em termos práticos, há um imperativo urgente de cultivar novas forças produtivas de qualidade para construir uma potência agrícola eficiente e ecologicamente sustentável. Apesar do status da China como um produtor agrícola robusto, inúmeros problemas e deficiências persistem em sua produção agrícola. O aumento tradicional da produtividade por si só é insuficiente para enfrentar esses desafios; portanto, acelerar o desenvolvimento de novas forças produtivas de qualidade é essencial. Nesse sentido, investiga-se a questão do desenvolvimento agrícola de alta qualidade dentro de sua estrutura contextual, buscando elucidar e analisar em profundidade os mecanismos e as restrições pelos quais a nova produtividade de qualidade promove o desenvolvimento agrícola de alta qualidade.

O conceito de novas forças produtivas de qualidade, considerado essencial para fomentar um novo motor de desenvolvimento econômico e avançar o ímpeto de desenvolvimento, é considerado tanto uma inovação chinesa decorrente da teoria da produtividade de Marx, quanto um reflexo dos princípios da economia política de Marx. Desde que Xi Jinping introduziu esse conceito, a atenção acadêmica às novas forças produtivas de qualidade aumentou. A pesquisa gira principalmente em torno de duas áreas principais: definir sua essência e examinar suas forças motrizes. Huang, de uma perspectiva de teoria de sistemas, postula que as novas forças produtivas de qualidade constituem um sistema "fator-estrutura-função" que compreende elementos de produtividade interconectados, estrutura e função — uma representação abrangente da evolução da produtividade resultante da revolução científica e tecnológica. Zhai, com foco na economia política, afirma que essas forças representam avanços multidimensionais na coordenação material-espiritual, transformação da natureza e progresso social, refletindo uma mudança sistêmica na sinergia entre tecnologia de produção e modos de organização. Gao e Ma conduziram uma análise completa da perspectiva da nova produtividade de qualidade na agricultura. Eles destacam que a nova produtividade de qualidade implica transformações inovadoras nos fatores de produção agrícola, processos e estruturas organizacionais, incluindo a divisão do trabalho e a cooperação ao longo da cadeia de valor agrícola. Essa inovação resulta em maior criação de valor no setor agrícola e nas áreas rurais. Em relação ao seu papel impulsionador, Zhang destaca como a ciência e a tecnologia avançadas podem capacitar novas forças produtivas de qualidade, direcionando o desenvolvimento econômico para o bem-estar social e contribuindo para a modernização ao estilo chinês e a construção do país socialista. A pesquisa de Xu sugere que essas forças otimizam uma grande distribuição de força produtiva, impulsionam a integração do centro de inovação regional e aumentam a coesão do sistema industrial regional, promovendo assim o desenvolvimento regional de alta qualidade. Lin e Dong ressaltaram a natureza imperativa e inexorável das novas forças produtivas que orientam a proeza agrícola da China. Eles destacaram os pontos focais críticos para o avanço dessas forças na fase atual: aprimorar a pesquisa e a implementação de ciência e tecnologia agrícolas avançadas, diversificar novos modelos de negócios agrícolas e nutrir talentos agrícolas inovadores. Além disso, acadêmicos conduziram avaliações iniciais do desenvolvimento de novas forças produtivas de qualidade, observando um aumento contínuo nos níveis da China, particularmente na região leste, superando as taxas de crescimento nas regiões oeste e central de 2011 a 2022.

A solução fundamental para a modernização agrícola reside na tecnologia. O avanço tecnológico agrícola desempenha um papel crucial na garantia da segurança alimentar da China e na promoção do desenvolvimento sustentável a longo prazo da agricultura e da economia nacional. Ao revisar a história e o contexto social do desenvolvimento tecnológico agrícola em diferentes estágios desde a fundação da RPC, revela-se que a ciência e a tecnologia agrícolas da China passaram por três períodos: atrasos em relação a outros, recuperação e liderança em determinadas áreas. Além disso, analisa as características intrínsecas da ciência e tecnologia agrícolas da China, como forças motrizes e natureza, escopo e objeto, e demandas sociais. Também resume as principais conquistas e experiências do desenvolvimento da ciência e tecnologia agrícola da China, sendo a mais importante a adesão à liderança do PCCh, o aproveitamento total das vantagens do sistema socialista chinês com características chinesas e a promoção constante da inovação científica e tecnológica agrícola. Atualmente, a ciência e a tecnologia agrícola chinesas enfrentam desafios "multidimensionais" complexos, que exigem adesão aos princípios do desenvolvimento verde e à estratégia de revitalização da agricultura por meio da melhoria da qualidade, com foco na promoção da inovação científica e tecnológica agrícola.

Novas forças produtivas de qualidade contribuem para o desenvolvimento ambientalmente correto e de alta qualidade da agricultura. Ao alavancar a ciência e a tecnologia agrícolas avançadas, análises e testes mais aprofundados de solos aráveis podem ser conduzidos, permitindo técnicas de fertilização de precisão para melhorar as condições de nutrientes do solo de forma eficaz. Essa abordagem permite a formulação de planos de manejo do solo mais sustentáveis, mitigando os problemas ambientais associados à fertilização excessiva e oferecendo novos caminhos para o aprimoramento do solo. Além disso, novas forças produtivas de qualidade promovem o desenvolvimento coordenado da agricultura por meio de seu impacto transformador. À medida que a agricultura tradicional transita para métodos modernos, os papéis e o escopo da agricultura se expandem. A integração de novas forças produtivas de qualidade não apenas aumenta a eficiência da produção agrícola e promove o desenvolvimento agrícola digital e inteligente, mas também estabelece as bases para relações sinérgicas entre a agricultura e outras indústrias. Além disso, considerando os altos custos dos insumos e a natureza de baixo valor agregado do setor agrícola, novas forças produtivas de qualidade — caracterizadas por alta tecnologia e eficiência, apoiadas por inovações como IA, Big Data e computação em nuvem — são cruciais. Isso não apenas facilita a produção agrícola automatizada e informatizada, como também eleva a qualidade, a eficiência e a relação custo-benefício da produção. Além disso, impulsiona as vendas de produtos agrícolas e fomenta o surgimento de novos modelos de negócios agrícolas, como a integração agrícola-cultural-turística. Consequentemente, o desenvolvimento de novas forças produtivas de qualidade está prestes a promover significativamente o desenvolvimento de alta qualidade da agricultura.

Em nível provincial, o desenvolvimento da nova produtividade de qualidade na China apresenta uma tendência decrescente de leste para oeste. Economicamente, as províncias do leste geralmente contam com uma base econômica mais desenvolvida, estruturas industriais avançadas e infraestrutura abrangente, o que proporciona condições favoráveis ao desenvolvimento da nova produtividade de qualidade. Em contraste, as províncias do oeste apresentam níveis relativamente baixos de desenvolvimento econômico, estruturas industriais mais singulares e construção de infraestrutura menos desenvolvida, o que gera inúmeros desafios para o avanço da nova produtividade de qualidade.

A produtividade do trabalho agrícola na China é inferior a um terço daquela das indústrias de manufatura e serviços. É essencial aumentar a produtividade do trabalho agrícola por meio da divisão interna do trabalho para garantir a segurança alimentar nacional. O setor de melhoramento genético precisa se transformar em direção a um desenvolvimento em escala e modernizado, e o setor de plantio precisa mudar para um novo padrão — 20% dos grandes agricultores produzem 80% dos produtos agrícolas ou contribuem com 20% do valor agregado, enquanto 80% dos pequenos agricultores produzem 20% dos produtos agrícolas ou contribuem com 80% do valor agregado. Os grandes agricultores produzem principalmente produtos agrícolas a granel, incluindo grãos, para garantir a segurança alimentar, enquanto os pequenos agricultores desenvolvem uma agricultura de alto valor para garantir o crescimento da renda. Eventualmente, a produtividade do trabalho dos grandes e pequenos agricultores convergirá para alcançar a prosperidade comum, o que é inevitável para o desenvolvimento agrícola da China e é uma visão ideal em consonância com as realidades nacionais. No entanto, a tarefa de adaptação ao novo padrão é árdua, e o governo precisa implementar importantes estratégias e implementar salvaguardas e medidas de incentivo correspondentes. Em particular, é necessário estabelecer um sistema de apoio político para agricultores de grande e pequena escala, acelerar o progresso do desenvolvimento integrado urbano-rural, aprimorar os mercados de transferência de terras, otimizar o sistema inovador de ciência e tecnologia agrícola, bem como o sistema de capacitação humana, e estabelecer um sistema de garantia organizacional para concretizar a modernização agrícola.

O desenvolvimento e a aplicação de sensores, sensoriamento remoto, tecnologia da informação (TI) e IoT na agricultura trabalharão com as tecnologias de melhoramento biológico para gerar outra rodada de revolução tecnológica agrícola nas próximas três décadas. Por exemplo, a aplicação de sensores e sensoriamento remoto, entre outras tecnologias na produção agrícola, pode proporcionar uma percepção precisa, enquanto as tecnologias de TI e internet podem proporcionar um controle mais preciso. Decisões com maior precisão podem ser tomadas com a ajuda das informações disponíveis sobre a produção e o mercado para uma agricultura mais inteligente.

## 4.2. Desafios para o próximo plano quinquenal

O papel do Estado na China é muito diferente do papel do Estado nas demais economias de mercado existentes. Ele é proativo na distribuição da propriedade dos meios de produção, assim como na circulação e distribuição das mercadorias e de renda. O Estado chinês mantém como propriedade social a terra, a maioria do sistema financeiro, o sistema de desenvolvimento científico e tecnológico, assim como ramos estratégicos da indústria e infraestrutura. Sua natureza socialista permite múltiplas formas de propriedade coexistirem, em cooperação e concorrência, mas garante a hegemonia da propriedade pública e ações antimonopolistas, o que favorece o dinamismo da economia. Paulatinamente, a economia de mercado socialista da China vem evoluindo no caminho de uma sociedade que caminha para superar o capitalismo. Se conseguir superar os riscos geopolíticos existentes, conseguirá chegar em 2049 com um socialismo forte, moderno e inovador.

A segurança alimentar de qualquer nação é essencial para a prosperidade e saúde de seu povo. A busca pela autossuficiência absoluta em segurança alimentar é cheia de desafios que demandarão a elaboração de políticas específicas no próximo plano quinquenal. E, no caso da China, existem diversos desafios singulares: mudanças climáticas, escassez de terras e recursos hídricos, perda de biodiversidade, com a volatilidade dos preços globais dos alimentos, ameaçam a produção sustentável de alimentos.

A China se depara com o gargalo de área improdutiva, constituída por desertos, que chega a 200 milhões de hectares, equivalentes a 27% da área total do país; a degradação e exaustão do solo já atingem a atividade econômica de 457 milhões de pessoas; a produção de alimentos ocupa somente 1,1 milhão de hectares, enquanto os recursos hídricos (tem apenas 6% das águas mundiais) sofrem com a poluição e o impacto da irrigação.

Atualmente, a segurança alimentar da China enfrenta os desafios de estabilizar a área de terras agrícolas e aumentar a produtividade por unidade. Por um lado, devido à ocupação acelerada de terras cultivadas de qualidade devido à urbanização, há uma tendência óbvia de "produção não-grãos de terras cultivadas e transformação não-agrícola", e o potencial de desenvolvimento de reservas de terras cultivadas é limitado. Por outro lado, a taxa de crescimento do rendimento de grãos por unidade desacelerou gradualmente; em particular, há uma grande diferença no rendimento por unidade de milho e soja entre a China e outros países, como os Estados Unidos e o Brasil.

A enorme escala da população da China em comparação com sua parcela de terra arável continuará a representar um problema significativo, agravado por restrições ambientais. Mesmo com tecnologias avançadas, há limites naturais para a quantidade de alimentos que podem ser produzidos de forma sustentável. Entre 2013 e 2019, a China registrou um declínio de mais de 5% das suas terras aráveis, em grande parte atribuído às práticas agrícolas destrutivas e aos governos locais que redirecionaram as terras agrícolas para infraestruturas e imobiliário. Para neutralizar essa diminuição, a China embarcou em algumas estratégias essenciais, incluindo o Plano Nacional de Construção de Terras Agrícolas de Alto Padrão (2021-2030), um plano nacional para melhorar a qualidade das terras agrícolas. O plano define metas para a criação e a atualização de terras agrícolas até 2025, 2030 e 2035. Ele especifica de onde vem o financiamento (uma combinação de orçamento público geral, títulos, transferências de terras, etc.), fornece medidas anuais e lista maneiras de incentivar entidades privadas a investir no desenvolvimento de terras agrícolas de alta qualidade. E estabelece uma "linha vermelha" para terras aráveis: nada menos que 120 milhões de hectares nacionalmente. Em busca desse objetivo, a China introduziu medidas de restauração de terras agrícolas e práticas de rotação de culturas. Além disso, as autoridades chinesas criaram uma estratégia para "recuperar" terras agrícolas revertendo as que haviam sido reaproveitadas para indústria, imóveis e infraestrutura. De 2021 a 2023, as autoridades chinesas recuperaram mais de 170.000 hectares (420.000 acres) dessas terras. A realização completa desse plano deve ser central na política agrícola do próximo plano quinquenal.

A China enfrenta um grande desafio demográfico, que inclui taxas de fertilidade e uma força de trabalho rural em declínio. Em 2022, aproximadamente 176 milhões de pessoas estavam empregadas na agricultura, pesca e indústrias relacionadas. Isso é 24% da força de trabalho. A grande maioria são pequenos agricultores, com uma idade média de 53 anos, com mais de um quarto com 60 anos ou mais. Projeções apontam que a proporção da força de trabalho agrícola pode cair para menos de 35 milhões. Esses desafios da força de trabalho vão além da agricultura, impactando setores como transporte e logística, que são vitais para a cadeia de suprimentos agrícolas. Em 2021, a China enfrentou uma escassez de 4 milhões de motoristas de caminhão, um problema que provavelmente piorará à medida que a população em idade ativa diminui e os mais jovens buscam melhores oportunidades nas cidades. Essa mudança demográfica significa que a China em breve enfrentará não apenas uma redução na força de trabalho agrícola, mas também menos trabalhadores rurais disponíveis para setores críticos, como transporte e logística, essenciais para manter as cadeias de fornecimento de alimentos. Para lidar com essa questão, vêm sendo implantadas diversas políticas de mecanização do campo, que buscam assegurar uma produtividade maior num cenário de menor força de trabalho disponível.

Outro desafio emerge pelas mudanças nas preferências e demandas alimentares da população, especialmente da classe média urbana em rápida expansão. Acredita-se que o país até 2030 terá cerca de 1 bilhão de pessoas pertencentes à classe média. Com o aumento da renda disponível e da exposição às culturas globais, há uma demanda crescente por opções alimentares seguras, variadas e de maior qualidade. A dieta tradicional chinesa é baseada em grãos básicos, rica em vegetais e pobre em produtos de origem animal. Mas, à medida que as rendas aumentaram, também aumentou o consumo de grãos refinados, carnes, óleos e açúcares. A cada ano, mais milhões de chineses buscam itens especiais, como produtos orgânicos, alternativas lácteas e carnes importadas. Dessa forma, a procura de produtos de carne por parte da população cada vez mais abastada aumentará de forma constante, correspondendo à crescente procura de insumos de soja e cereais para alimentar o gado. Essa questão exigirá uma estratégia ousada a ser elaborada para o próximo plano quinquenal.

A China empreende uma estratégia multifacetada para buscar a autossuficiência em segurança alimentar, concentrando-se na recuperação de áreas degradadas, aceleração do uso de variedades de alto rendimento, na mecanização geral e ampliação do seu orçamento para estocar grãos e óleos comestíveis (visando maior controle dos preços internacionais). Seus desafios são cada vez mais difíceis, envolvendo aumentar e diversificar a produção agrícola com restrições pela escassez de mão de obra, pelo envelhecimento da força de trabalho agrícola, pela falta de terras aráveis, pela pequena escala das unidades de produção e pela falta de disseminação de tecnologia agrícola. Lidar com esses desafios e avançar nos diversos planos que estão sendo realizados deve estar no centro das políticas agrícolas chinesas a serem desenvolvidas no próximo plano quinquenal.

No futuro, a construção de infraestrutura agrícola deve ser acelerada para garantir rendimentos estáveis, apesar da seca ou chuvas excessivas; os avanços da pesquisa tecnológica essencial devem ser feitos para aprimorar ainda mais a ciência e a tecnologia agrícolas; a urbanização de qualidade deve ser buscada para promover o desenvolvimento sustentável da agricultura; o cultivo de novos operadores agrícolas deve ser acelerado para otimizar o sistema de tecnologia de serviços; a proteção e a utilização de terras cultivadas devem ser ainda mais fortalecidas, e as terras aráveis ociosas e o solo salino alcalino devem ser repostos em uso.

## 4.3. Nova rota da seda alimentar

A Nova Rota da Seda (BRI) foi lançada por Xi Jinping em 2013. O maior projeto de infraestrutura já realizado na história mundial, a BRI concentra-se em promover a manufatura, o comércio e o investimento, bem como a integração física e digital dos mercados internacionais. A BRI fornece uma estrutura para o investimento chinês, a fim de aprimorar a infraestrutura existente, bem como construir novos locais de produção e rotas comerciais para conectar melhor a China ao resto do mundo. A BRI prevê um "cinturão" terrestre conectando a China à Europa e uma "estrada" marítima cruzando o Oceano Índico até a África, passando pelo Mediterrâneo e alcançando o Pacífico até a Oceania e a América Latina.

Em maio de 2017, o antigo Ministério da Agricultura, com a Comissão Nacional de Desenvolvimento e Reforma e outros ministérios da China, emitiram conjuntamente a "Visão e Ação para Promover Conjuntamente a Cooperação Agrícola sob a Iniciativa do Cinturão e Rota", que explicitamente pediu o aumento do investimento em infraestrutura agrícola e em toda a cadeia industrial, incluindo produção, processamento, armazenamento, transporte, circulação, etc., e o impulso à concretização de projetos importantes. Dentro dessa estrutura, a cooperação agrícola se destaca como um elo fundamental para que os parceiros do Cinturão e Rota construam em conjunto uma comunidade com um futuro compartilhado.

Sementes de arroz híbrido cultivadas por cientistas chineses na Base de Melhoramento Científico e de Pesquisa de Nanfan, em Hainan, estão sendo introduzidas nos países da ASEAN. A área total de cultivo de arroz híbrido na Índia, Vietnã, Filipinas, Paquistão e Indonésia — principais países produtores de arroz — atingiu 4,28 milhões de hectares. Desde 2015, mais de 100 especialistas estrangeiros e estudantes de países envolvidos na BRI visitam Hainan anualmente para estudar tecnologia agrícola, incluindo o programa de melhoramento de Nanfan, que está desempenhando o papel do Vale do Silício para a indústria de sementes do país. "Com boa resistência ao estresse e maiores rendimentos, as sementes de arroz híbrido desenvolvidas pelos centros da Nanfan estão sendo bem-vindas nos países do Sudeste Asiático", conforme relata Xie Zhenyu, pesquisador assistente do Instituto de Pesquisa de Plasma de Germes de Culturas Tropicais da Academia Chinesa de Ciências Agrícolas Tropicais. "Enviamos especialistas em agricultura para áreas de cultivo de arroz híbrido no exterior e oferecemos aos agricultores locais orientação, treinamento e planejamento para desenvolvimento futuro", conforme comenta Xie, que trabalhou como especialista no Vietnã, Mianmar, Camboja e Gâmbia.

Nos últimos anos, o investimento agrícola da China nos países parceiros da Iniciativa Cinturão e Rota tem apresentado uma tendência ascendente consistente. Até o final de 2021, empresas chinesas haviam estabelecido 868 empresas agrícolas em 90 países da BRI. O estoque total de investimentos chegou a US$ 14 bilhões, representando 52% do estoque total de investimentos agrícolas estrangeiros. Esses investimentos abrangem diversos setores, incluindo agricultura, silvicultura, pecuária e pesca, envolvendo produção, processamento, armazenagem, logística, pesquisa científica e desenvolvimento de marcas.

O Corredor Econômico China-Paquistão (CPEC), assinado em abril de 2015, é avaliado em US$ 46 bilhões. O objetivo do projeto é conectar o sudoeste da China ao porto de Gwadar, na província do Baluchistão, por meio de estradas, ferrovias e outras infraestruturas. Ao longo do caminho, serão abertas novas minas, moinhos e sistemas de comunicação. A agricultura é central na agenda. O plano de longo prazo é substituir a agricultura tradicional paquistanesa por sistemas de cultivo e comercialização de alta tecnologia e um complexo agroindustrial de larga escala. Para tanto, o CPEC define dez áreas-chave para colaboração e nove zonas econômicas especiais. Os projetos incluem a construção de uma fábrica de fertilizantes com produção anual de 800.000 toneladas; fábricas de processamento de vegetais e grãos em larga escala em Asadabad, Islamabad, Lahore e Gwadar; e uma fábrica de processamento de carne em Sukkur. Centenas de milhares de hectares de terras agrícolas serão necessários para esses projetos, com muitos agricultores provavelmente deslocados. O CPEC também está facilitando a expansão do trigo híbrido, substituindo as variedades tradicionais de trigo dos agricultores em benefício de empresas chinesas de insumos agrícolas, como o Sinochem Group. A empresa cultivou com sucesso trigo híbrido chinês em uma área piloto de 2.000 hectares no Paquistão e agora planeja introduzi-lo em outros países da BRI, como Uzbequistão e Bangladesh. O CPEC também está atraindo investimentos chineses para os setores de laticínios e frutos do mar do Paquistão para exportação para a China, com algodão e arroz também no radar.

Nas Filipinas, os esforços proativos da Yuan Longping High-Tech Agriculture Co., Ltd. ("Longping High-Tech") levaram a conquistas notáveis no cultivo de arroz híbrido. Com sua vigorosa promoção, a área de plantio de arroz híbrido agora abrange mais de 1 milhão de hectares, constituindo quase um quarto da área total de plantio de arroz no país. A produtividade do arroz híbrido atingiu impressionantes 15 toneladas por hectare, triplicando a das variedades tradicionais de arroz. Como resultado, o arroz produzido a partir de arroz híbrido chinês tornou-se facilmente disponível nos mercados agrícolas filipinos e nos principais supermercados. Na Zâmbia, a Chen Guang Biotechnology Group Co., Ltd. (CCGB), com milhares de acres de base de plantio de páprica e calêndula e a fábrica de processamento de calêndula, gerou mais de 7.000 empregos para a população local. No Sudão, empresas com investimento chinês melhoraram os níveis de plantio e processamento do algodão, introduzindo e aprimorando variedades de algodão, subsidiando os agricultores para o plantio, fornecendo orientação técnica aos agricultores e facilitando os canais de vendas, ajudando efetivamente os agricultores locais a prosperarem. Da mesma forma, a COFCOCorporation (COFCO) respondeu ativamente à BRI investindo em instalações de armazenamento e logística de grãos no Mar Negro e na Ásia Central, ampliando a cadeia da indústria de laticínios na Indonésia e na Nova Zelândia e promovendo o comércio de arroz no Sudeste Asiático.

A África Oriental é o primeiro elo na conexão da BRI com a África. A China está construindo portos e infraestrutura marítima para modernizar a rota do Sul da Ásia para o Quênia e a Tanzânia e, em seguida, para o Mediterrâneo via Djibuti. Ferrovias interiores também estão sendo construídas. No Egito, desde a inauguração da primeira fábrica em 2013, o New Hope Group investiu e estabeleceu sucessivamente seis empresas de ração e uma empresa de criação de aves, com um investimento total de 475 milhões de yuans. A receita anual de vendas atingiu 2 bilhões de yuans. A empresa emprega diretamente mais de 1.000 funcionários locais e firmou acordos de cooperação com renomadas universidades locais, como a Universidade do Cairo, a Universidade de Alexandria e a Universidade Kafrelsheikh, para promover o desenvolvimento da indústria egípcia de ração por meio da cooperação em pesquisa científica. A China já possui parques agroindustriais em Moçambique, Uganda, Zâmbia e outros países, e agora está expandindo seus investimentos agroindustriais sob a bandeira da BRI.

Além disso, a China estabeleceu proativamente parques de cooperação agrícola no exterior, servindo como catalisadores para que empresas nacionais se expandam globalmente e prosperem em clusters coesos. Adotando o ethos do desenvolvimento compartilhado, a China liderou empresas que alavancaram vantagens de recursos regionais e características industriais dos países anfitriões para promover a integração entre as indústrias primária, secundária e terciária. Notavelmente, o Ministério da Agricultura e Assuntos Rurais da China designou o primeiro lote de zonas de demonstração de cooperação agrícola no exterior, incluindo aquelas no Tajiquistão. Esses parques atraíram interesse significativo, com uma infinidade de empresas agrícolas nacionais e estrangeiras. Com o tempo, eles começaram a exibir efeitos tangíveis de aglomeração industrial, emergindo como plataformas essenciais para o investimento agrícola da China no exterior em países parceiros do cinturão e rota.

Uma das maiores empresas de comércio eletrônico do mundo, a JD.com, sediada em Pequim, afirma que em breve poderá entregar frutas de qualquer lugar do mundo à porta dos consumidores chineses em até 48 horas. Para atingir um objetivo como esse, é necessária uma infraestrutura global altamente integrada — conectando fazendas a armazéns e transporte até os consumidores.

O fortalecimento da produção alimentar chinesa por meio de uma estratégia de agricultura + IA pode remodelar o comércio agrícola global e regional. Uma China com maior segurança alimentar pode começar a exportar mais de seus produtos agrícolas, competindo com exportadores ocidentais tradicionais, como EUA e Austrália. Ao aumentar a produtividade, reduzir o desperdício de alimentos, diminuir custos e permitir a detecção precoce de pragas nas plantações, as tecnologias agrícolas chinesas baseadas em IA já estão ajudando o mundo a atender à crescente demanda por alimentos . Essas tecnologias econômicas são urgentemente necessárias para impulsionar a produção, especialmente no Sul Global.

À medida que a China aprofunda sua cooperação tecnológica com os países do Sul Global, os avanços agrícolas chineses impulsionados pela IA podem aumentar significativamente a produção e a segurança alimentar também nos países parceiros, reduzindo os preços dos alimentos e potencialmente interrompendo ainda mais os fluxos comerciais estabelecidos.

Se a China garantir uma posição dominante na agricultura inteligente, isso poderá alterar fundamentalmente a dinâmica do fornecimento de alimentos em todo o mundo e dar à China o controle de aspectos-chave da dinâmica da segurança alimentar global.

Outros países podem ganhar significativamente com a modernização agrícola da China em diversas frentes. Primeiramente, ao fortalecer a cooperação com a China para oportunidades de desenvolvimento de infraestrutura, facilitação do comércio e transferência de tecnologia no setor agrícola. Em segundo lugar, extrair *insights* das políticas agrícolas, do planejamento e das práticas de gestão bem-sucedidas da China pode ajudar a reformular sua produtividade, eficiência e sustentabilidade agrícola. Em terceiro lugar, ao explorar o vasto potencial de mercado e a demanda da China por produtos agrícolas, especialmente itens de alto valor e de nicho, como frutas e vegetais, é possível aumentar receitas de exportação. Por fim, podem aproveitar o apoio e a assistência da China para enfrentar vários desafios enfrentados por seu setor agrícola, incluindo mudanças climáticas, escassez de água, pragas e doenças e preocupações com a segurança alimentar.

A utilização de máquinas de última geração e componentes de ponta permite a produção de sementes e variedades de alta qualidade, desenvolvidas por meio de biotecnologia, engenharia genética e hibridização. Esses avanços resultam em culturas com maior produtividade, maior resistência e maior adaptabilidade. Máquinas e equipamentos agrícolas modernos, como tratores, colheitadeiras, plantadeiras, pulverizadores, sistemas de irrigação e instalações de armazenamento, aprimoram a mecanização e a automação das operações agrícolas. A adoção da agricultura digital, incluindo imagens de satélite e sensores da IoT, oferece dados valiosos para a melhoria da tomada de decisões, do manejo de pragas e do manejo do solo e da água das culturas. Além disso, priorizar a pesquisa e o desenvolvimento em biotecnologia pode levar à criação de variedades de culturas de alto rendimento e resistentes ao clima. A agricultura inteligente e de precisão utiliza Big Data, IA, IoT, drones, sensores e satélites para monitorar e otimizar a produção e a gestão agrícola. Além disso, a promoção proativa da China de práticas agrícolas sustentáveis, incluindo agricultura orgânica e esforços de conservação, reforça seu compromisso em abordar as questões ambientais e garantir a sustentabilidade a longo prazo. A China tem dado ênfase significativa à agregação de valor, reduzindo simultaneamente as perdas para menos 2%, ao aprimorar a produção, a embalagem e a comercialização de produtos com valor agregado, tanto no mercado interno quanto internacional. Diversos países sofrem com perdas substanciais, principalmente na horticultura, com aproximadamente 40% dos alimentos e vegetais sendo desperdiçados.

A Rota da Seda Digital concentra-se na expansão da infraestrutura digital — como serviços de 5G e IA — nos países da região do cinturão e rota, ampliando a presença tecnológica da China. A China construiu mais de 1,9 milhão de estações-base 5G nos países dessas regiões. Ao mesmo tempo, seu sistema de navegação por Satélite BeiDou — utilizado em mais de 100 países

— oferece suporte a aplicações baseadas em IA, incluindo agricultura de precisão e logística.

A Rota da Seda Alimentar permite ainda que Pequim influencie as cadeias de abastecimento alimentar por meio de investimentos, infraestrutura e coordenação de políticas, por meio de mais de 100 acordos relacionados à agricultura. Com o comércio da iniciativa Cinturão e Rota ultrapassando US$ 3 trilhões no ano passado, a China está consolidando sua posição como líder global em IA, tecnologia agrícola e segurança alimentar. Essa estratégia, em andamento, visa diversificar as importações de alimentos e fertilizantes por meio de quatro vertentes: investimentos e aquisições agrícolas no exterior, desenvolvimento de infraestrutura, transferências de tecnologia e coordenação de políticas. Ao diversificar as fontes de importação e fortalecer parcerias estratégicas, visa salvaguardar a segurança alimentar da China a longo prazo, com impactos profundos em todo o mundo.

# 5. Referências

Aglietta, M.; Bai, G. China's development: capitalism and empire. London, Routledge, 2013.

Cao, X.; Lei, J.; Shi, D.; Yu, W.; Tao, T.; Zhang, X.; Wang, A. Nova produtividade de qualidade da agricultura e áreas rurais em escala provincial na China: construção de indicadores e evolução espaço-temporal. ISPRS Int. J. Geo-Inf, 14, 2025.

Chen, F; Zhang, HL. Sistema de cultivo e manejo do solo. China Agricultural Press, Pequim, 2021.

Chen, R. Visão e recomendações políticas para o desenvolvimento da indústria canavieira da China em 2011. Em: Pesquisa sobre estratégia de desenvolvimento em Ciência e Tecnologia na indústria canavieira (2001-2010). Science Press, 337, 2011.

Chen, Y.; Wang, S. Efeito da Política de Transferência de Terras no Desenvolvimento Agrícola de Alta Qualidade — Análise Empírica Baseada no Método DID Contínuo. Contemp. Econ. Res. 2023, 44, 49–57.

Donnellon-May, G. Como a IA da China em agrotecnologia está mudando os fluxos de comércio global. South China Morning Post. 27/04/2025.

Du, W. Cultivando novos camponeses vocacionais na província de Hubei. Ciências Agrícolas de Hubei, 17, 4214–4218, 2014.

Fan, G.; Wang, X.; Ma, G. Contribuição da mercantilização para o crescimento econômico da China. Econ. Res. J. 2011, 46, 4–16.

DS Yang , JL Huang , SB Peng. Progresso da pesquisa sobre tecnologia de cultivo de arroz regenerativo de alto rendimento e alta qualidade colhido por máquina. Revista do Arroz da China, 29, 2023.

Gao, Y.; Ma, J. Nova Produtividade Agrícola de Qualidade: Uma Perspectiva de Economia Política. Questões Agric. Econ, 81, 2024.

Gong, B.; Xiao, Y.; Xu, J.; Yuan, L. Aumento dos Custos da Mão de Obra, Substituição de Fatores e Produtividade Total dos Fatores Agrícolas. J. Huazhong Agric. Univ, 38, 2024.

Guo, P. The agricultural and rural sector in China: an overview. China-Brazil partnership on agriculture and food security. Piracicaba: Esalq, USP, 2020.

Hansen, B. Efeitos de Limiar em Painéis Não Dinâmicos: Estimativa, Teste e Inferência. J. Econ. 1999, 93, 345–368.

Hou, G.; Zhang, Z.; Dong, S. Nova produtividade de qualidade que possibilita o desenvolvimento agrícola de alta qualidade no nordeste da China: lógica teórica, questões-chave e caminhos práticos. Soc. Sci. Hunan 2024, 69–76.

Huang, Q.; Sheng, F. Novo Sistema de Forças Produtivas: Características Fatoriais, Suporte Estrutural e Orientação Funcional. Reforma, 15, 2024.

Huang, Z.; Liang, Q. Agricultural organizations and the role of farmer cooperatives in China since 1978: past and future. China Agricultural Economic Review, v.10, p.48-64, 2018.

Huang JK, Yang G L. Compreendendo os desafios recentes e a nova política alimentar na China. Segurança Alimentar Global, 12, 2017.

Jiao XQ, Zhang HY, Ma WQ, Wang C, Li XL, Zhang F S. Ciência e Tecnologia no Quintal: uma nova abordagem para capacitar pequenos agricultores para a intensificação sustentável da agricultura na China. Journal of Integrative Agriculture, 18, 2019.

Ji, C. Diferenças espaciais e mecanismo impulsionador do desenvolvimento de alta qualidade na agricultura e áreas rurais da China. J. Quant. Tech. Econ, vol 38, 2021.

Leusin, S. A China e sua agricultura: desafios e possíveis implicações para o Brasil. Panorama Internacional, v.2, 2017.

Lin, L.; Gu, T.; Shi, Y. A Influência das Novas Forças Produtivas de Qualidade no Desenvolvimento Agrícola de Alta Qualidade na China: Mecanismos e Testes Empíricos, Revista de Agricultura, 14, 2024.

Liu, Z.; Re, Z. Uma Pesquisa sobre as Disparidades Regionais e a Evolução Dinâmica Distribucional do Desenvolvimento Agrícola de Alta Qualidade na China. J. Quant. Technol. Econ, 28, 2021.

Li, X.; Xu, S. A Medição do Nível de Desenvolvimento Agrícola de Alta Qualidade e o Estudo das Características de Distribuição Espacial: Com Base no Novo Conceito de Desenvolvimento. J. Universidade de Jiangxi. Finanças 23, 2020.

Luo, S.; Qiu, Y. Agrupamento de Setores Essenciais na Economia Digital Central Permite o Desenvolvimento de Nova Produtividade de Qualidade: Mecanismos Teóricos e Testes Empíricos. 2024.

Long, S.; Zhang, M. Recálculo e Fatores de Influência da Produtividade Total dos Fatores Agrícolas da China: Da Tradição ao Desenvolvimento de Alta Qualidade. Res. Financ. Econ. Issues 2021, 40–51.

Lin, W.; Dong, X. Liderando a Construção de uma Potência Agrícola com Novo Produto de Qualidade. J. Nanquim. Agric. Univ. 2024, 24, 18–27.

Li, L. O cultivo consorciado melhora os serviços e o funcionamento dos agroecossistemas: conhecimento e perspectivas atuais. Chin. J. Eco-Agric., 24, 2016.

Liang ZX, Li H C. Estratégia de desenvolvimento da mecanização da cana-de-açúcar em GuangXi. Pesquisa em Mecanização Agrícola, 12, 2011.

Liang, X. The evolution of township and village enterprises (TVEs) in China. Journal of Small Business and Enterprise Development, v.3, p.235-241, 2006.

Mao, F.; Guo, W. A literature review on structural reform of agricultural supply side. Advances in Social Science, Education and Humanities Research, v.119, p.1366-1371, 2017.

Marcelino, F. Introdução ao planejamento na China: planos quinquenais e desenvolvimento urbano. Edição do Autor, Curitiba, 2023.

_________. A Revolução das Cidades Inteligentes na China: Perspectivas para o desenvolvimento urbano no século XXI. Appris, Curitiba, 2024.

_________. Reflexões sobre o Socialismo Chinês. Kotter Editorial, Curitiba, 2024.

_________. Deng Xiaoping: as ideias que transformaram a China na superpotência do século XXI. Kotter Editorial, Curitiba, 2025.

_________. Como a China se prepara para o declínio dos EUA: Trump, Guerra Comercial a Desordem Mundial. Kotter Editorial, Curitiba, 2025.

Naughton, B. The Chinese economy: Transitions and growth. MIT press, Massachussets, 2007.

Pomar, V. O enigma chinês. Vladimir Pomar Editora Fundação Perseu Abramo, 2015.

Pultarova, T. Como a China está criando comida no espaço. BBC. 10/06/2022. Disponível em https://www.bbc.com/future/article/20220708-how-china-is-creating-new-foods-in-space

Ou Y, Peng Z, Yang DT, Zheng DK. A situação atual e o desenvolvimento da mecanização da produção de cana-de-açúcar em nosso país. Guangzhou: Anais da Conferência de 2011 da Associação Chinesa de Cana-de-açúcar. 2011.

Qiao, Z. Nova Produtividade de Qualidade: Uma Revolução Terminológica na Economia Marxista. Stud. Explor, 72, 2024.

Tang, X.; Jiang, J. Impacto do Envelhecimento da População Rural no Desenvolvimento Agrícola de Alta Qualidade. J. South China Agric. Univ, 22, 2023.

Wang, J. Medição e Avaliação do Desenvolvimento Agrícola de Alta Qualidade da China. J. Universidade de Jiangxi. Finanças. Economia. 2021.

Wang, J. Pesquisa sobre a influência da nova produtividade de qualidade para permitir a modernização da cadeia industrial chinesa. J. Ind. Technol. Econ, 43, 2024.

Wang, Q.; Yang, J. Pesquisa sobre Nova Produtividade Digital de Qualidade e Desenvolvimento de Alta Qualidade da Agricultura Chinesa. J. Shaanxi Norm. Univ, 52, 2023.

Wang, S.; Chen, Y. Como as Finanças Inclusivas Digitais Promovem o Desenvolvimento de Alta Qualidade da Agricultura? Sobre Mecanismos Intermediários e de Limiar. J, Manager, 35, 2022.

Wang, Y.; Wang, R. Nova Produtividade da Qualidade: Construção de Índices e Evolução Espaço-temporal. J. Xian Univ. Financ. Econ, 37, 2024.

Wang, X.; Qu, H. Ideias e sugestões para inovação científica e tecnológica para promover o desenvolvimento agrícola de alta qualidade. Stud. Explor. 72, 2020.

Xiaogang Yin, Zhenwei Song, Shanheng Shi, Zhiyuan Bai, Yulin Jiang, Axiang Zheng, Wenhai Huang, Nana Chen, Fu Chen. Developments and prospects of multiple cropping in China. Farming System, Volume 2, Issue 2, 2024.

Xin, L.; An, X. Construção e Análise Empírica do Sistema de Avaliação do Desenvolvimento Agrícola de Alta Qualidade na China. Econ. Rev. J, 109, 2019.

Xu, Z.; Zheng, L.; Cheng, M. A Lógica Interna e o Conceito Prático da Nova Produtividade de Qualidade Empoderadora. Contemp. Econ. Res, 51, 2023.

Yan, Y, YS Zhang, CR Liu, DY Ren, HR Liu, XQ Liu, MC Zhang, ZH Li. Correspondência de variedades e eficiência de recursos do sistema de cultivo duplo-tardio de trigo de inverno e milho de verão. Acta Agron., 48, 2022.

Yi, E.; Wang, J.; Zhu, J. Economia Digital, Eficiência na Alocação de Recursos e Desenvolvimento de Alta Qualidade da Agricultura. J. Tianjin Univ. Financ. Econ, 43, 2023.

Yu, W.; Jensen, H.G. China's agricultural policy transition: impacts of recent reforms and future scenarios. Journal of Agricultural Economics, v.61, p.343-368, 2010.

Zhai, Q.; Cao, S. Uma explicação da economia política para a nova produtividade de qualidade. J. Xian Univ. Financ. Econ. 2024, 37, 15–23.

Zhao, Y.; Zhang, Z.; Feng, T.; Tao, K. Desenvolvimento de Big Data, Ambiente Institucional e Eficiência da Governança Governamental. J. Manag. World, 35, 2019.

Zhang, L. Nova produtividade de qualidade e a força motriz da modernização ao estilo chinês. Agrarian Economics, 15, 2024.

Zhang, P. Nova Produtividade Digital e Incorporação da Cadeia Global de Valor: Mecanismos Teóricos e Testes Empíricos. Contemp. Econ. Res, 75. 2024.

Zhang, J.; Xu, Z. Revisão teórica, análise lógica e caminho prático da nova produtividade de qualidade na perspectiva da modernização chinesa. Soc. Sci. Xinjiang 2024.

Zhang, L.; Luo, B. Buscando o desenvolvimento de alta qualidade da agricultura na China: regulamentações essenciais e opções estratégicas. Tianjin Soc. Sci. 2020.

Zhang W, Cao G, Li X, Zhang H, Wang C, Liu Q, Chen X, Cui Z, Shen J, Jiang R, Mi G, Miao Y, Zhang F, Dou Z. Eliminando as lacunas de produtividade na China por meio do empoderamento de pequenos agricultores. Nature, 537, 2016.

Zhang, Y; Zhang, X; Gao, S; ZHENG, Congcong; ZHANG, Jing Yao; Li, L; e Zhao, H; "A Fazenda Fuxi: Exploração prática e reflexão sobre inovação integrada de tecnologia agrícola inteligente", Boletim da Academia Chinesa de Ciências. Vol. 40: Emissão. 2, Artigo 7, 2024.

Zhexiao, Tang. O desenvolvimento da agricultura inteligente garante a segurança alimentar. Science and Technology Daily. 16/11/2024.

Zhou, Q.; Li, X. Economia Digital e Desenvolvimento Agrícola de Alta Qualidade: Mecanismo Interno e Análise Empírica. Reforma. Econ. Syst. 2022, 82–89.

Zhong, Y. Orientação para o Desenvolvimento Agrícola em Direção à Etapa de Alta Qualidade. Acad. J. Zhongzhou 2018, 40–44.

Zhu, X.; Li, R.; Xu, X.; Sun, J. Construção e Evolução Espaço-temporal de Novos Indicadores de Produtividade da China. J. Ind. Technol. Econ. 2024, 43, 44–53.

Zuo, YM; Zhang, LZ; Li, L. Consórcio para aumentar a produtividade de culturas de bioenergia com uso eficiente de recursos em áreas áridas do noroeste da China. Ciências da Vida, 26, 2014.

## Notícias

Agricultura inteligente transforma cultivo de morango em Taizhou. China Daily. 17/12/24.

Usando a tecnologia para aumentar a produtividade do morango e melhorar a eficiência agrícola. Green House. 26/05/2024.

Morangos frescos se tornam globais em cidade do nordeste da China. People's Daily. Janeiro de 2024.

"Cidade do abacate" em Yunnan, na China, amadurece perspectivas para o turismo e sucesso agrícola. Asia News Network. Yang Ran, Zheng Jinran e Li Yingqing. 01/11/2023

As uvas da riqueza: um vislumbre das indústrias agrícolas de Xinjiang. People's Daily Online. Jie, K. 12/07/2021.

# Sobre o autor

Nasceu em Curitiba. Pós-doutor em Política Públicas e Planejamento Urbano, doutor em Sociologia, mestre em Ciência Política e graduado em Relações Internacionais. Militante do Movimento Popular por Moradia (MPM). Integrante do Mimesis Conexões Artísticas.

É autor de diversos livros sobre a China, entre os quais *Introdução ao Planejamento na China: planos quinquenais e desenvolvimento urbano; A Revolução das Cidades Inteligentes na China; Quem tem medo do projetamento?; Reflexões sobre o Socialismo Chinês; Deng Xiaoping: as ideias que transformaram a China na superpotência do século XXI;* e *A China se prepara para o declínio dos EUA: Trump, guerra comercial e a Nova Desordem Mundial.*

É autor também de outros livros, como *Classes Dominantes no Paraná Contemporâneo: Família, Poder e Riqueza, COVID-19 e a nova geopolítica global*; *Marx no século XXI: valor, crise e capitalismo financeiro*; *Guerra Civil Brasileira: 1891-1894*; *Em Defesa do Projetamento: Ignácio Rangel e os desafios brasileiros*; *Geopolítica Hídrica Global; Do Terceiro Mundo à emergência do Sul Global;* e *Estratégias de Desenvolvimento no Sul Global: capitalismo monopolista, capitalismo de Estado ou socialismo de mercado?*.

Outra vertente de suas obras é na literatura, com os livros *Desencontros e seus golpes* (poesia); *Profeta Joel no fim dos tempos* (teatro); *Revolta Paraná* (conto); 93 *Haikais* (poesia); *Última hora* (poesia); e *Civilização da Mandioca e outros poemas luso-tropicais* (poesia), muitos pela Kotter Editorial.

pólen bold 90 gr/m2
tipologia calisto mt
impresso no inverno de 2025